MIX
Papier | Fördert gute Waldnutzung
FSC® C022120

Mineralöl freie Druckfarbe

ISBN 978-3-649-64597-9

Hafenweg 30, 48155 Münster, Germany
Textsatz & grafische Gestaltung: Thomas Wolters, Internetlitho
Textsammlung: Marén Wiedekind & Susanne M. Riedel
Redaktion: Kai König

Printed in Slovakia

www.coppenrath.de

Kein Glühwein ist auch keine Lösung!

Mit Illustrationen
von Philine Delekta

COPPENRATH

Inhalt

Horst Evers

Die schönsten Weihnachtsmärkte der Welt (Folge 53):

Die Weihnachtswurst von Nordenham

Auf dem Weihnachtsmarkt von Nordenham gibt es genau drei Buden. Rosis Glühweinstation, Ewalds Original Berliner Waffeln und Wurst-Didi. An der Bude von Wurst-Didi hängt eine Werbetafel: „Was wäre Weihnachten ohne die Weihnachtswurst von Wurst-Didi?“ Das ist eine wirklich gute Frage. Da habe ich so noch gar nicht drüber nachgedacht.

Die Weihnachtswurst von Wurst-Didi ist im Prinzip eine ganz normale Currywurst, nur dass über den Ketchup dann noch mal zwei bis drei gehäufte Esslöffel Lebkuchengewürz, Zimt und wohl auch so etwas wie Goldstaub gestreut werden. Doch zurück zur Ursprungsfrage: Was also wäre Weihnachten ohne die Weihnachtswurst von Wurst-Didi? Ein kleines bisschen schöner, denke ich.

Eigentlich wollte ich gar keine Wurst, ich hatte Pommes bestellt, aber Wurst-Didi konnte mich nicht verstehen, weil es neben den drei Buden noch eine vierte Attraktion auf dem Nordenhamer Weihnachtsmarkt gibt: die Kunsteisbahn oder, genauer gesagt, das Eis-

laufzelt, das von einem kleinen, verbitterten, luftgetrockneten Mann betrieben wird, der offensichtlich Weihnachten oder Nordenham oder beides oder sogar die ganze Welt hasst. Zumindest dröhnt aus seinen bis zum Anschlag aufgedrehten Boxen ununterbrochen Musik von der Gruppe Scooter, eben in einer Lautstärke, die jegliche Kommunikation bis weit über den Marktplatz hinaus unmöglich macht und die letztlich auch dazu führt, dass ich jetzt Wurst-Didis Weihnachtswurst essen muss. Offen gestanden weiß ich gar nicht, ob die Musikstücke wirklich alle von Scooter sind. Erkannt habe ich nur das Stück, wo H. P. Baxxter immer „Hyper! Hyper!“ brüllt. Wobei alle anderen Stücke aber quasi genauso klingen, nur eben ohne „Hyper! Hyper!“; also selbst wenn die eventuell nicht original von Scooter sind, dann sind sie doch zumindest sehr scooteresk.
Nordenhamer sind keine auf diesem Weihnachtsmarkt. Außer mir ist überhaupt kein Besucher auf diesem Weihnachtsmarkt. An einem Adventssamstagnachmittag. Fühle mich den vier Attraktionen gegenüber irgendwie verpflichtet. Die muss ich jetzt alle vier ganz alleine durchbringen. Kaufe auch eine Waffel und einen alkoholfreien Glühwein mit Schuss. Gerne hätte ich mit Glühwein-Rosi ein wenig über den Sinn oder Unsinn

von alkoholfreiem Glühwein mit Schuss philosophiert, aber wegen der Scooter-Beschallung hat Rosi ein paar Riesenkopfhörer auf, mit denen sie vermutlich noch mal etwas anderes hört. Vielleicht Entspannungs- oder Meditationsmusik. Das würde zumindest das Tempo ihrer Bewegungen erklären. Wobei Tempo hier natürlich das völlig falsche Wort ist. Nachdem ich, wegen der Umstände wortlos, auf mein eigentliches Wunschgetränk, den alkoholfreien Punsch, gezeigt habe, zeigt sie nur kurz kopfschüttelnd auf den alkoholfreien Glühwein mit Schuss und bereitet ihn dann in sehr, sehr ruhigen, anmutigen, in höchstem körperlichen Bewusstsein ausgeführten Bewegungen zu. Nachdem sie ihn mir überreicht und kassiert hat, kehrt sie wieder in ihre meditative Grundfigur zurück, den „traumwachen Kranich im Auge des Sturms“.

Ich hingegen fühle mich nun bereit für meine vierte Prüfung und will mir Schlittschuhe leihen. Der kleine, böse Mann bemerkt die Gefahr zu spät. Als ich plötzlich vor seiner Butze stehe und den Mund bewege, wird ihm wohl klar, dass ich mit ihm rede. Dann bewegt auch er den Mund. Wahrscheinlich unterhalten wir uns jetzt. Leider versteht man natürlich kein Wort, aber beide bewegen wir jetzt unsere Münder, und das ist ja das Wichtigste, dass man irgendwie miteinander redet. Nachdem wir so eine Weile beide angeregt unsere Münder bewegt haben, gibt er mir plötzlich ein Paar Schlittschuhe. Genau meine Größe. Keine Frage, rein fachlich kann ihm vermutlich als Schlittschuhverleiher kaum jemand das Wasser reichen. Ich gebe ihm wahllos ein paar Münzen aus der Hosentasche, er nickt.

Und dann, nur zwei Minuten später, laufe ich Schlittschuh. Zum ersten Mal wieder nach über zwanzig Jahren. Es gibt Dinge im Leben, die verlernt man einfach nicht. So wie Fahrrad fahren oder ohne Besteck und Hände Spaghetti essen oder seinen Namen in den Schnee pinkeln. Schlittschuhlaufen gehört leider nicht zu diesen Dingen. Das bemerke ich sehr schnell, also nach ungefähr einem halben Schritt, als ich schon die

erste Eiskunstlauffigur versuche, den dreifach gestolperten Pinguin, bei dem ich zügig hinknalle, vier Meter übers Eis schlittere und dann gegen die Bande krache. Als ich kurze Zeit später die Schuhe zurückgebe, sehe ich, wie der verbitterte, luftgetrocknete Mann tatsächlich lächelt. Richtig breit und herzlich. Dann macht er plötzlich die Musik aus, flüstert „Danke" und gibt mir die Leihgebühr zurück: „Ist schon in Ordnung, Sie haben die Schuhe ja kaum benutzt. Also zumindest nicht, um draufzustehen."
Auch Rosi, Ewald und Didi nicken mir fröhlich zu, als ich mich über den Marktplatz zurückschleppe: „Das war mal eine schöne Abwechslung. Wollen Sie noch eine Weihnachtswurst? Geht aufs Haus!", ruft Didi aus seiner Bude.
Ich lehne tapfer lachend ab, und die drei winken mir zum Abschied. Rund fünfzig Meter bin ich wohl schon vom Markt entfernt, als ich höre, wie „Hyper! Hyper!" wieder aufgedreht wird. Es hilft ja nichts. The show must go on. Das gilt natürlich auch für Eislaufbahnen.

Insa Sanders

November-Adventskalender

Ich freue mich jetzt schon wieder tierisch aufs Adventskalenderöffnen. Allerdings ist erst Oktober. Der 1. Dezember und das 1. Türchen sind also so noch eine Weile hin.
„Kann ich vielleicht schon einen November-Adventskalender haben?“, frage ich deswegen meinen Mann.
Er guckt mich einfach nur an und sagt nichts. Er ist nicht so der Weihnachts-Fan, und dass ich jedes Jahr möchte, dass er mir einen Adventskalender schenkt, stresst ihn eher. Er hat Angst, dass er einen blöden Kalender kauft und mich enttäuscht – vierundzwanzig Mal! Vermutlich wird er diesen Stress nicht verdoppeln wollen.
„Ja?“, frage ich trotzdem nochmal hoffnungsvoller. Ich finde, das ist eine super Idee. So macht es zumindest Sinn, dass man die Dinger im Oktober schon überall kaufen kann. November-Adventskalender! Da hätte ich schon viel früher drauf kommen müssen.
Weil der Mann Amerikaner ist, musste ich ihm in unserer Kennenlernphase noch einige unserer weihnachtlichen Traditionen beibringen. Zum Beispiel,

dass es sehr wichtig ist, dass er mir am 6. Dezember Schokolade, Nüsse und Mandarinen in die Stiefel steckt.

„Was soll ich machen?“, fragte er damals, als hätte ich irgendwas Verrücktes verlangt.

„Schokolade in die Schuhe!“, sagte ich noch einmal laut und deutlich. „Am 6. Dezember ist Nikolaus.“

„Okay“, sagte er. Irritiert speicherte er sich eine Erinnerung in sein Handy ein. Das macht er immer so, wenn ich ihm sage, dass er sich was merken soll. Er vergisst sonst alles. Dabei ist der Mann eigentlich ziemlich schlau. Er hat nämlich auch angefangen, meine Frisörtermine in seinem Handy zu speichern. So erinnert ihn das Telefon immer daran, mir zu sagen: „Oh, du warst beim Frisör! Sehr schön sieht das aus!“

Jetzt, wo ich so darüber nachdenke, hätte ich ihm eigentlich nicht nur von November-Adventskalendern erzählen sollen, sondern ich hätte mir auch noch allerhand anderen Quatsch ausdenken können: Am 12. Dezember möchte ich eine Mütze voller Schokolade, am 18. muss die Schokolade dann unterm Bett liegen und am 22. in die Badewanne gefüllt werden. So viele vertane Möglichkeiten!

Als ich dem Mann zum ersten Mal von Adventskalendern erzählte, kannte er sie tatsächlich schon: „Die hat unsere Oma uns immer geschenkt. Wir sollten jeden Tag ein Türchen aufmachen und dann war da Schokolade drin“, sagte er.

Ich nickte zufrieden. „Das ist korrekt.“

„Ich habe aber immer direkt alles auf einmal gegessen“, sagte er, als wäre das vollkommen in Ordnung.

Ich guckte ihn böse an. „Das geht aber nicht!“, sagte ich streng.

Ich beschloss damals, dass er von mir keinen Adventskalender mit Schokolade bekommen würde. Es gibt da ja noch so viele andere: Tee-Adventskalender, Müsli-Adventskalender, Grill-Gewürz-Adventskalender, Adventskalender mit Bartpflegeprodukten, Heimwerker-Adventskalender mit Nägeln und Schrauben drin und sogar Whiskey-Adventskalender! Vierundzwanzigmal Saufen, dann ist Weihnachten!

Aber was, wenn der Mann da auch alle Türchen auf einmal austrinkt? Dann wird der 1. Dezember zwar sehr lustig, aber der 2. nicht so. Und der 3. vielleicht auch nicht. Vielleicht wird es auch so schlimm, dass er dann auch am 6. noch völlig verkatert vergisst, Nikolaus zu spielen!! Das können wir keinesfalls riskieren.

Und dann kann man Adventskalender ja auch selber basteln. Ich rate allerdings von selbst entworfenen Liebes-Gutscheinen im Adventskalender ab. Beziehungsweise ich rate dringend dazu, da Ablaufdaten drauf zu schreiben. Je nach Beziehung sollten die einfach nur wenige Monate oder höchstens ein Jahr gültig sein.

Sonst kann es passieren, dass irgendwann der klammernde Ex-Freund vor der Tür steht und so Gutscheine wie Filmabend, Fußmassage und Strip-Show noch mal einlösen möchte. Was macht man da? Wie erklärt man das seinem neuen Partner? Und wie legal bindend sind so selbst entworfene Gutscheine?

„Bekommt der Hund eigentlich dieses Jahr auch wieder einen Adventskalender?“, fragt der Mann jetzt.

„Meinst du für November oder für Dezember?“, frage ich zurück.

„Dezember! Es gibt keine November-Adventskalender. Die müssten dann ja auch 30 Türchen haben“, sagt er.

Ich schmolle ein bisschen.

„Wir müssen den aber trotzdem schon früh besorgen!“, sage ich. Der Mann macht sich eine Handy-Notiz.

Letztes Jahr sind wir Ende November umsonst zu Fressnapf gefahren. Alle Hunde-Adventskalender waren ausverkauft. Es gab nur noch welche für Katzen und Kaninchen.

„Die will irgendwie keiner haben“, sagte ein Fressnapfverkäufer mit Weihnachtself-Mütze so traurig, dass ich ihm beinahe einen Kaninchen-Adventskalender abgekauft hätte.
Wir haben dem Hund dann selbst einen Adventskalender gebastelt. Mit Leckerli, nicht mit Gutscheinen. Am 4. Dezember musste er mal ein paar Stunden allein in der Wohnung bleiben. Er hatte eine tolle Zeit, denn er hat seinen ganzen Adventskalender gefressen. Mit Verpackung.
„Von mir hat er das nicht“, sagte ich. Ich habe schließlich immer brav ein Türchen nach dem anderen aufgemacht.
Und weil ich mit den Türchen so geduldig bin, kaufe ich mir jetzt einen November-Adventskalender.

Hinark Husen

Bastelzeit

Morgens um halb zehn in der Kita. Tom, fünf Jahre, guckt etwas verlegen aus der Wäsche. Er hat zu Hause geweint, hatte seine Mutter erzählt, denn er sollte den Stern spielen in der Weihnachtsaufführung, den Stern, der sich ans Fenster setzt und Blumen und Blätter malt. Aber er will nicht den Stern spielen, da hat er keine Lust zu, während die anderen „Schneeflöckchen Weißröckchen" singen. Das hätte er uns auch ruhig sagen können, aber er ist lieber zu Hause weinend zusammengebrochen. Und seine Mutter hat ihn auch nicht weiter genötigt. Sie weiß, was es heißt, im Fokus der Öffentlichkeit zu stehen – als Moderatorin irgendeines Magazins auf Phoenix oder n-tv oder so. Vielleicht hat sie ja auch so ein Schneeflöckchen-Trauma aus ihrer eigenen Kita-Zeit und sublimiert das durch ihre journalistische Tätigkeit, man will es gar nicht so genau wissen.

Noch eine Woche bis zur Aufführung. Wir müssen den Stern also umbesetzen. Kein Problem: Es gibt andere, die können und wollen. Dann spielt Tom eben das Blümelein, das zugedeckt wird, dann wird er auch nicht mehr gesehen. Ich hätte Lust, ihm ein bisschen verdorrtes Laub als Kopfschmuck zu basteln, bevor er sich unter die Schneedecke legt, aber das wird vielleicht falsch verstanden. Und gebastelt wird ohnehin zu viel.

Die Kollegin müht sich gerade ab, die Requisiten für die Fensterstrophe zu basteln. Und ich kann gar nicht glauben, was ich da sehe. Immer wiederkehrend dieses Stöhnen, was man nicht noch alles erledigen muss neben den permanenten Beobachtungen und dem Protokollieren, den Verschriftlichungen und den Elterngesprächen, nein, dann auch noch die ganzen Kostüme und alles andere! Und jetzt hat sie für einen einzigen Satz aus dem Schneeflöckchen-Lied ein Haus gebastelt – aus einem Karton, in dem schätzungsweise ein Ford Transit geliefert wurde. Gerade klebt sie die fertig gewordenen roten Dachziegel, jeder einzeln von Kinderhand rot angetuscht, mit der Klebepistole auf das vorgefertigte Rohbaudach. Keine Frage, es sieht hübsch aus.

Ich stelle mich trotzdem mal mit verschränkten Armen daneben und schau ein bisschen skeptisch aus der Wäsche. Nach zehn Minuten Ziegelkleben bemerkt sie meinen skeptischen Blick und fragt, ob etwas nicht in Ordnung sei.

„Aber hallo ist was nicht in Ordnung“, erwidere ich.

„Du hast komplett die Dämmung vergessen!"
Sie schaut mich orientierungslos an.
„Ja, weißt du", erkläre ich ihr schonungslos, „das ist ein Neubau, der wird dir ohne Dämmschutz gar nicht genehmigt! Da gehören Styroporplatten vor und nicht einfach Wasserfarbenrauputz. Da werden dir die Eltern gleich auf die Barrikaden steigen, wenn sie das sehen! Wir sind hier doch nicht im Wedding! Da kann so'n Haus vielleicht durchgehen, aber wir sind hier im Prenzlauer Berg! Das sind alles Architekten und per se Renovierungsexperten, da kannst du doch kein Haus ohne Dämmschutz auf die Bühne stellen! Und was erst die Kinder daraus lernen! Heizen wie blöde zum Fenster raus, was da wohl der CO2-Fußstapfen dazu sagt! Das kriegen die ja nie im Leben wieder ins rechte Lot. Wozu haben wir denn die ganzen Styroporplatten hier überall rumliegen, die kann man da doch wohl noch eben drankleben. Die sollen es doch drinnen warm haben in der neuen Bude, die ohnehin mindestens zehn Euro pro Quadratmeter kostet, da darf doch nicht am einfachsten gespart werden!"
Ich schimpfe noch eine Weile so vor mich her und hin, und sie hört sich das alles sehr genau, fast liebevoll, an – ist halt auch Erzieherin und kann einen ausreden lassen.

Und dann fragt sie ganz einfach, ob ich ihr erklären könne, wie der Stern sich ans Fenster setzen soll und Blumen und Blätter malen kann bei optimaler Isolierung. Dafür brauche man Altbau und Einfachverglasung, sonst kriegt man da keine Muster an die Scheibe, und das wisse hier schließlich auch jeder.
Die Kinder aus der Gruppe unterbrechen das Ziegelbemalen und schauen mich vorwurfsvoll an. Und dann sagt Leo, das sei ja auch ein nostalgisches Lied, und man müsse das aus dem historischen Kontext heraus verstehen.
Ich sage nichts mehr. Ich setze mich einfach an einen viel zu kleinen Tisch und fange an zu basteln, und zwar einen sehr hässlichen, verrottenden Blumenkranz im historischen Kontext, dieser Tom wird sich noch wundern …

Hanna Buiting

Pippi Langstrumpf in der Krippe

Maria ließ sich in einem der schicken schwarzen Ledersessel vor der Möbelabholung nieder und strich sich mit den Fingerspitzen sanft über den runden Bauch. Manchmal fand sie die Vorstellung immer noch unwirklich, dass darin ein Leben heranwuchs. In wenigen Wochen würde sie dieses kleine Wunder in den Armen halten. Die Winterjacke ließ sich schon nicht mehr schließen. „Wir brauchen noch einen Wickeltisch", hatte Josef heute Morgen beim Frühstück gesagt und seiner Freundin einen Rest Pflaumenmarmelade aus dem Mundwinkel geküsst.

Und so hatten sie sich auf den Weg ins Möbelhaus gemacht. Obwohl Samstag war und jeder normale Mensch wusste, dass Samstag die ganze Stadt zu ihrem Lieblingsschweden fuhr. Aber einen Wickeltisch brauchten sie, keine Frage. In den Händen hielt Maria den Zettel mit der Nummer 152 darauf. Es würde sich nur noch um Stunden handeln, bis sich das weiße Gestell mit dem Namen GULLIVER auf ihrem Einkaufswagen befand. Eingepackt in einen braunen Pappkarton könnte GULLIVER von außen betrachtet auch ein BILLY sein, dachte Maria und überlegte, ob in ihr drin tatsächlich ein Mädchen wuchs, wie Josef ganz felsenfest überzeugt war, oder doch eher ein kleiner Junge. Sie wollten sich überraschen lassen. „Eine Lichterkette brauchen wir auch unbedingt“, hatte Josef in der Weihnachtsabteilung beteuert, „falls es ein Christkind wird, hängen wir sie der Kleinen übers Bettchen.“ Maria fand ihn süß, wenn er so etwas sagte. So stolz schien er zu sein. Auf sie und sein Christkind, falls es denn eins werden sollte. Maria konnte sich eigentlich etwas Schöneres vorstellen, als an Heiligabend im Kreißsaal zu liegen. Am Anfang war Josef gar nicht so begeistert gewesen, als sie ihm gesagt hatte, dass sie schwanger sei. Sie wollten doch reisen. Das hatten sie sich fest vorgenommen. Zwischen Studium und eigenem Grafikbüro hatten sie die Welt erkunden wollen. Zu zweit. Aber mit der Zeit hatte er sich an den Gedanken gewöhnt und schon Pläne geschmiedet. Von ihnen beiden auf zwei Eseln irgendwo in Griechenland oder Israel, mit dem Baby in einem Tuch vor der Brust. Warum nicht?

„Ist hier noch frei?“, fragte plötzlich eine junge Frau mit langen dunklen Haaren und einer großen blauen Tüte über dem Arm. Sie wirkte etwas gestresst und schob sich fahrig ihre Brille ins Haar. Maria nickte und nahm ihre Jacke von dem schwarzen Ledersessel neben sich. Josef würde eh noch eine Weile unterwegs sein. Er wollte das Auto ein bisschen näher zum Eingang holen, damit sie GULLIVER leichter einladen konnten. „Man muss wirklich bescheuert sein, um sich das hier samstags freiwillig anzutun", sagte die Frau jetzt kopfschüttelnd und schaute in den völlig überfüllten Kassenbereich. An acht aufgeregt piependen Kassen drängelten sich Menschen in langen Schlangen, packten Servietten, Strohhalme und Teelichter in Einkaufswagen und Tüten und manövrierten Einkaufswagen mit langen Pappkartons darauf aneinander vorbei. Manche mehr, manche weniger geschickt. An der Hotdogstation fiel einem kleinen Mädchen ihr ketchupgetränktes Wurstbrötchen aus der Hand und klatschte auf die Erde. In Sekundenschnelle füllten sich ihre Augen mit Tränen und sie begann laut zu heulen. „Deshalb gebe ich meine Kleine immer im Kinderparadies ab", sagte die Frau, die die Szene ebenfalls beobachtet hatte. Ihr Blick fiel auf Marias gewölbten Bauch. „Das sollten sie sich auch direkt angewöhnen. Mit kleinen Kindern einkaufen zu gehen ist die Hölle. Das sind einfach zu viele Reize. Der pure Stress", plapperte sie. Maria lächelte zaghaft und blickte sich nach Josef

um. Wo blieb der denn? Die Anzeige über der Möbelabholung zeigte nun die Nummer 147. „Haben Sie schon einen Krippenplatz?", fragte die Frau ungerührt weiter.
Maria schüttelte den Kopf. „Nein, wieso denn?" Die Frau riss theatralisch die Augen auf. „Das sollten Sie aber! Mein Name stand schon auf sämtlichen Listen, als die Kleine noch nicht mal geboren war. Ohne Krippenplatz sind Sie verloren. Sie wollen doch bestimmt wieder arbeiten gehen, oder?" Maria runzelte ein wenig die Stirn. „Ja schon, aber erst, wenn das Kind ein bisschen älter ist, und dann nimmt wahrscheinlich auch mein Freund Elternzeit", erklärte Maria und ärgerte sich ein wenig, da sie das Gefühl hatte, sich vor der Frau rechtfertigen zu müssen. Die Frau stutzte und murmelte nur ein „Mmmh, Elternzeit" vor sich hin. „Bestimmt werden Sie auch so eine Keksback-Mami, oder?" Maria verschluckte sich fast. „Keksback-Mami?", keuchte sie. Wollte die Frau sie provozieren? „Also ich kauf ja Zimtschnecken. Fürs Plätzchenbacken hab ich nun wirklich keine Zeit", beherzt griff sie in die große blaue Tasche und zog eine Tüte mit der Aufschrift „Kanelbullar" hervor, die sie eben erst im Schweden-Shop erstanden hatte. „Oh, ganz sicher werde ich eine Keksback-Mami", sagte Maria und war

ein wenig überrascht, wie selbstsicher ihre Stimme auf einmal klang. „Ich backe blecheweise Kekse mit meinen Kindern in unserer Villa Kunterbunt und dann dürfen die Kleinen mit eingeseiften Schuhbürsten an den Sohlen durch die Küche rutschen, dass es nur so schäumt. Einen Limonadenbaum haben wir natürlich auch im Garten und mein Mann hängt die Geschenke darin an Heiligabend auf und alle Kinder aus der Nachbarschaft können kommen und dürfen sich eins aussuchen", platzte es mit einem Mal aus ihr heraus. Das Kind in Marias Bauch bewegte sich ermutigend ein wenig hin und her. „Die Kleine wird übrigens ein Christkind und wir nennen sie Pippi Lotta Viktualia Rolgadina Schokominza", fügte sie hinzu, erhob sich aus dem schwarzen Ledersessel und ging mit energischen Schritten zu der Möbelabholung, ohne sich noch einmal umzublicken. Soeben war die Nummer 152 auf der Anzeigetafel erschienen. Und Josef an ihrer Seite. Er legte ihr sanft den Arm um die Hüfte. „Ich bin jetzt sicher", flüsterte Maria ihm ins Ohr und atmete dabei seinen ganzen Josef-Duft ein. „Es wird ein Christkind, und auf einen Krippenplatz pfeif ich."

Axel Hacke

Die Christbaumkugel

Nun haben wir August. Weihnachten ist schon eine Weile her. Auf der Kommode im Flur liegt immer noch eine riesige lilafarbene Christbaumkugel. Paola hatte sie zur Weihnachtszeit über dem Spiegel im Flur aufgehängt, das sah sehr schön aus und war ziemlich praktisch. Der Spiegel ist gleich gegenüber der Wohnungstür, und wenn man vor Weihnachten hereinkam, sah man als Erstes diese riesige Christbaumkugel und wusste sofort: Aha, jetzt ist also Weihnachtszeit. Nur, falls man es vergessen hatte.

Nach Weihnachten wurde die Kugel abgehängt und fürs Erste auf die Kommode gelegt, damit sie in den Keller gebracht werden konnte. Aber sie ist immer noch dort. Und es ist keine Weihnachtszeit, beim besten Willen nicht.

„Man müsste die Christbaumkugel in den Keller bringen", sagt Paola ab und zu.

„Jemand könnte mal die Christbaumkugel hier wegtun, in den Keller vielleicht", sage ich dann und wann. Manchmal kommt es mir so vor, als ob in unserer Wohnung noch drei andere Personen lebten, außer

Paola, Luis, mir und Bosch, meinem sehr alten Kühlschrank und Freund. Diese drei anderen Personen sind: Herr Man, Frau Jemand und Fräulein Einer. Um die Wahrheit über diese drei zu sagen: Sie sind stinkfaul. Sie beteiligen sich in keiner Weise am Gemeinschaftsleben. Sie tun überhaupt nichts.

Ich sage: „Man müsste mal die Blumen auf dem Balkon gießen." Aber Man tut es nicht.

Paola sagt: „Jemand müsste mal deinen Tennisschläger beiseiteräumen." Aber Jemand ist nirgendwo in Sicht.

Ich sage: „Einer müsste unbedingt das Altglas wegbringen." Aber das Altglas bleibt da, nichts zu sehen von Einer.

Der Fall der Christbaumkugel ist besonders schwierig. Es war, glaube ich, Anfang März, als Paola ihretwegen einen Wutanfall bekam. Sie schrie, diese Christbaumkugel müsse hier endlich weggeräumt werden, wenn sie nicht bald hier weggeräumt werde, dann werde sie das Ding aus dem Fenster werfen, sie könne es nicht mehr sehen.

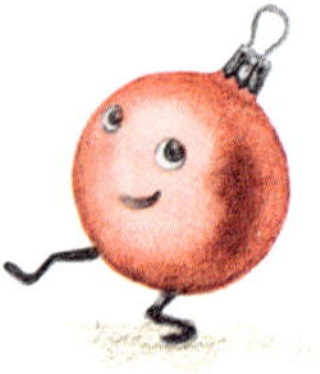

Man beachte nun hier die Formel „muss hier endlich weggeräumt werden". Es handelt sich um das sogenannte Partnerschafts-Passiv, eine in Beziehungen sehr alltägliche Art zu sprechen, wenn es um Dinge geht,

die unbedingt getan werden müssen, die man selbst aber um keinen Preis der Welt tun möchte.
Es gibt ja so gewisse Dinge, die man einfach überhaupt nicht gerne tut, bei jedem ist es etwas anderes: Ich persönlich hasse das Bohren von Löchern (zum Bilderaufhängen oder Regalbefestigen) wie nichts auf der Welt. Paola verachtet das Blumengießen, als wäre es der Abschaum unter den Tätigkeiten. Wenn nun Löcher gebohrt oder Blumen gegossen werden müssen, man selbst es einerseits nicht tun möchte, andererseits aber auch aus internen Gründen nicht direkt den Partner dazu auffordern will („Kannst du nicht hier endlich mal …?!") – dann also verwendet man das Partnerschafts-Passiv. Es macht auf das Problem aufmerksam, provoziert nicht unbedingt Streit und lässt für die Lösung Spielräume, zum Beispiel die sanfte Antwort: „Wie wäre es, du würdest es tun …?"
Mit der Christbaumkugel war es nun so,

dass sich eines Tages mehrere Gegenstände angesammelt hatten, die in den Keller gebracht werden mussten, darunter eine Reisetasche. Ich packte ungefähr im April in einem Anfall von Entschlusskraft alles in die Reisetasche, trug sie in den Keller und stellte die Tasche dort ab, samt Kugel.

Ein paar Wochen später musste Paola über das Wochenende verreisen. Sie holte sich aus dem Keller die Reisetasche und bemerkte erst in der Wohnung, dass die Christbaumkugel noch drin war.

„Die Reisetasche hätte im Keller ausgepackt werden müssen", sagte Paola und legte die Christbaumkugel wieder auf die Kommode im Flur, wo sie sich, wie gesagt, immer noch befindet.

Wir haben ja nun schon August. Eigentlich lohnt es sich gar nicht mehr, die Kugel noch in den Keller zu bringen. Für die paar Monate. Weihnachten müsste sie ja doch nur wieder nach oben gebracht werden. Oder Jemand müsste sie holen. Oder Einer. Oder Man.

Marén Wiedekind

Drei Hippies im Schnee

Liebe Sophia,
ich habe schallend über deine Halloween-Geschichte gelacht. Jetzt möchtest du was Lustiges von mir hören. Am liebsten eine Geschichte von früher, als deine Mama, Tante Gitta und ich noch jung waren. Okay, challenge accepted! Wir beamen uns zurück ins Jahr 1983 und, weil bald Weihnachten ist, wird es eine Geschichte über einen Weihnachtsbaum:

„Tausche alten R4 gegen Kasten Bier." Das stand auf einem Zettel am Schwarzen Brett des Studentenwohnheims, zwischen „Suche Mitfahrgelegenheit nach Indien" und „6 Bände Brockhaus (Beg bis Mop) abzugeben". Ich war damals vielleicht zwei Jahre älter als du heute, studierte in Heidelberg, entdeckte den Zettel und war wie elektrisiert. Vor allem, weil „Rudi, 4. St." darunter stand. Jener Rudi hatte eine lockige schwarze Mähne, trug immer Strickpullover und zu enge Lederhosen und studierte im zwölften Semester Soziologie. Er sah nicht nur umwerfend aus, er war auch unglaub-

lich lässig. Gechilled, hieße das heute bei euch. Das Wort stand uns damals noch nicht zur Verfügung.
Auch eBay-Kleinanzeigen nicht, deswegen das Schwarze Brett. Der Renault 4 war eine Art „Ente" in eckig. Es war in den Achtzigern das Blech gewordene Understatement. Eines der wenigen Autos, die man als Studentin fahren konnte, ohne in Grundsatzdiskussionen über Waldsterben und Kapitalismus verwickelt zu werden. Vielleicht gibt es den R4 noch heute, auf eBay. Was weiß ich.
Ich las jedenfalls den Zettel und bekam sofort Herzrasen. Niemals hätte ich mich ohne Anlass getraut, Rudi anzusprechen. Doch das war ein Anlass, selbst wenn sein Auto schon weg wäre.
Mir kam zum ersten Mal die Idee, dass ich an Weihnachten mit einem Auto zu meinen Eltern fahren könnte, also zu Oma und Opa auf den Krumbacher Hof. Opa Theo hatte in dem Jahr pünktlich zu Beginn der Glühweinsaison seinen Führerschein verloren. Du merkst, es gibt auch ein paar Dinge, die sich nie ändern. Er würde mich also nicht wie sonst in Mosbach am Bahnhof abholen können. Und hinter Mosbach funktionierte verkehrstechnisch rein gar nichts. Zweimal am Tag fuhr ein Bus von Mosbach nach Walldürn und von Walldürn nach Hettingenbeuren. Von dort musste

man noch den Berg hoch laufen zum Hof. Du kennst den Weg, ich hasste ihn noch aus Schulzeiten. Und dann mit Gepäck und Weihnachtsgeschenken!
Uber war nicht, noch nicht mal ein Rufbus wie heutzutage. Außerdem lag dort oben jeden Winter Schnee. Es war Anfang der Achtzigerjahre, die letzte Eiszeit lag noch nicht lange zurück. Kurzum: Je länger ich darüber nachdachte, desto mehr war ich nicht nur an Rudi, sondern auch an dem Auto interessiert. Selbst wenn es nur noch ein paar Monate TÜV haben sollte. In vier Wochen Standdienst am Heidelberger Weihnachtsmarkt hatte ich genug Geld verdient. Warum nicht in einen Kasten Bier, sprich: in ein Auto, investieren?
Fünf Tage später saßen Tante Gitta und ich in dem alten R4 und fuhren von Heidelberg neckaraufwärts nach Mosbach. Fuhren? Na ja, eher krochen.
Gitta war damals mit ihrem Studium in Tübingen fast fertig, von dort kam sie per Anhalter zu mir nach Heidelberg. Sie schreckte ebenfalls vor der ätzenden Anreise zum Krumbacher Hof zurück. Und ich davor, alleine mit einem schrottreifen Auto zu fahren und unterwegs liegen zu bleiben. Es war also win-win, wie du gerne sagst.
Bevor ich Rudi auf seinen Aushang ansprach, hatte ich mir die Haare extra noch einmal mit Henna flammend

rot gefärbt und über Nacht Zöpfe geflochten, damit sie sich schön lockten. Meine Haare waren damals länger als deine heute, fast bis zur Taille. Du kannst dir vorstellen, was für eine Schweinerei das Färben war! Ein Tropfen Patschuli hinter die Ohren, Kajal nachziehen und ab in den vierten Stock.

Ob Rudi mich überhaupt wahrgenommen hat, weiß ich nicht. Er war total stoned. Mit dem Kasten Bier hat er jedenfalls ein gutes Geschäft gemacht. Sein R4 war so etwas Ähnliches wie Yenga, das Spiel, das wir früher so oft gespielt haben, du weißt schon, das mit dem Bauklötze-Rausziehen. In Bezug auf den R4 hieß das: Die Stoßstange hinten war mit einem Stück Wäscheleine angebunden, den Kofferraum musste man gleichzeitig vorsichtig und mit Karacho zumachen. Es gab nur eine Fensterkurbel und das mit dem Spritzwasser funktionierte sowieso nicht. Der TÜV lief übrigens schon im Januar ab, von wegen ein paar Monate.

Rudi war das kein bisschen peinlich. Sein Zettel am Schwarzen Brett war eher ein Gag gewesen. Er wunderte sich, dass ich das für bare Münze genommen hatte. Immerhin bestand er auf keine Formalitäten. Für einen Monat das Auto ummelden sei Quatsch. Für den Kasten Bier könne ich einfach damit fahren, bis es auseinanderfiel. Vertrauen bilden geht anders.

Immerhin half er am Dreiundzwanzigsten bei unserer Abfahrt, das Auto anzuschieben. Vielleicht hatte er doch ein schlechtes Gewissen. Denn natürlich hielt die Uralt-Batterie den kalten Temperaturen nicht stand. Rudi, Gitta und zwei andere aus dem Wohnheim schoben und ich schwitzte in dem kalten Auto vor Aufregung, ob ich das mit der Kupplung und dem Motor-anspringen-Lassen hinkriegen würde. Auf keinen Fall unterwegs abwürgen!, bekam ich noch als Tipp mit auf den Weg. – Na, danke.
Da das Kassettendeck natürlich nicht funktionierte, sangen Gitta und ich im Auto lauthals Weihnachtslieder, während wir die graue, schneevermatschte Landstraße nach Neckargmünd mit 40 Stundenkilometern entlangschlichen. Sobald es bergauf ging, wurden wir noch langsamer. Eigentlich fanden wir Weihnachtslieder reaktionär – also spießig –, aber es hörte uns ja keiner zu … Unterwegs wärmten wir uns an mindestens hundert selbstgedrehten Zigaretten.
Ich brauche nicht zu erwähnen, dass Gitta das letzte Stück den Berg hoch zu Oma und Opa doch laufen musste, oder? Das PS-schwache Auto begann bei der Steigung lasziv zu stöhnen und hätte seinen französischen Geist sonst vollends ausgehaucht.
Aber das ist nur die Vorgeschichte. Was ich dir eigent-

lich erzählen wollte, war die Sache mit dem Weihnachtsbaum. Wie gesagt, Opa Theo hatte seinen Führerschein verloren. Kein Auto, kein Weihnachtsbaum. Die ganze Familie setzte auf mich und den „neuen" R4.

Als Opa Theo das hellrot-ausgebleichte Gefährt sah – eine Farbe wie ein zu lange gekauter Automatenkaugummi –, das vor allem von Friedens- und Anti-AKW-Aufklebern zusammengehalten wurde, erstarrte er. Er sah die Chancen auf einen Weihnachtsbaum in diesem Jahr schwinden. Das war für ihn aber immer noch kein Grund, mir oder Gitta mit unseren unzureichenden Fahrkenntnissen seinen olivgrünen, polierten Mercedes anzuvertrauen.

Und jetzt kommt endlich deine Mama ins Spiel. Bine ging damals noch zur Schule, wohnte also noch auf dem Krumbacher Hof, und war überhaupt der Grund dafür, dass Gitta und ich Weihnachten dort feierten. Sie bettelte und flehte jedes Jahr in unzähligen Telefonaten im Advent so lange, bis Gitta und ich uns erweichen ließen. Ich glaube, wir beide waren damals ihre großen Vorbilder – sie zog sich so an wie wir, war gierig auf unsere Musik und unsere Erzählungen vom Studentenleben. Und genau wie wir wollte sie so bald wie möglich raus aus dem Odenwald.

Natürlich ließ Bine es sich nicht nehmen, am nächsten Tag, also Heiligabend, nach dem Frühstück mit Gitta und mir im R4 runter nach Walldürn zu fahren, um einen Weihnachtsbaum zu kaufen. Für den Christbaumverkäufer waren wir drei sicherlich die Attraktion der Saison, die Schlusspointe vor Weihnachten. Der kleinen kaugummifarbenen Schachtel entstiegen drei junge Frauen mit langen Haaren, bunten, selbst gestrickten Mützen, Schals und Handschuhen. An Bines Schal waren sogar Glöckchen genäht. Gitta trug einen langen bunten Patchworkrock unter ihrem Wildledermantel, ich unter meinem Parka schon meine feierliche weinrote Samthose mit Schlag und Goldfädenbestickung.
Wir fackelten nicht lange bei der Wahl das Baumes. Viel Auswahl gab es sowieso nicht mehr. Dafür verhandelten wir umso länger beim Preis. Dann musste der Baum auf dem Dach des Autos befestigt werden. Auf Kratzer am Lack brauchten wir zum Glück keine Rücksicht zu nehmen. Eine Wäscheleine und ein Fahrtenmesser hatte Rudi für alle Fälle hinten im Kofferraum liegen, wer weiß, was außer der Stoßstange noch alles abfallen könnte. Also kurbelten wir erst die eine, dann – nach Umstecken der Kurbel – die andere Fensterscheibe ein gutes Stück hinunter, reichten uns das

Leinenknäuel immer wieder durch die Fahrkabine hindurch und banden den Baum auf dem Dach fest. Die ganze Leine ging dabei drauf. Immer wieder verknoten, ruckeln, hält!

Zur Belohnung gingen wir einen Glühwein trinken und schlenderten über den winzigen Weihnachtsmarkt, wo die Händler schon ihre Waren zusammenpackten und anfingen, die Stände abzubauen. Als wir zum Auto zurückkamen und einsteigen wollten, merkten wir, dass die Türen nicht aufgingen. Auf beiden Seiten nicht! Trotz kräftigem Ziehen und sanftem Ruckeln bewegte sich nichts. Sie waren aber nicht etwa zugefroren, wie wir zunächst dachten. Zusammen mit dem Weihnachtsbaum hatten wir die Türrahmen am Autodach festgebunden. So ein Mist! Schon der Glühwein hatte für Heiterkeit gesorgt, jetzt prusteten wir vor Lachen, bis wir Schluckauf bekamen.

Doch irgendwie mussten wir ja wegkommen! Nach langen Beratungen zwängte Gitta ihren Arm durch das Beifahrerfenster mit der Kurbel und drehte die Scheibe vorsichtig, ohne die Kurbel zu verlieren, bis zum Anschlag herunter. Bine, die Kleinste von uns dreien, quetschte sich als Erste durch das offene Fenster in den R4. Klingelingeling, machten dabei die Glöckchen an ihrem Schal. Sie steckte die Kurbel um und öffnete die

Fahrerscheibe. Dann schob sie sich zwischen den Vordersitzen hindurch auf die Rückbank. Gitta und ich kletterten jede durch ein Fenster ins Innere des R4. Ich drehte den Zündschlüssel, wollte den Motor anlassen, doch natürlich war die Batterie schon wieder zu kalt oder zu leer oder einfach nur bockig, was weiß ich.
Gitta und Bine quälten sich also wieder durchs Beifahrerfenster raus, klingelingeling. Sie schoben das Auto, bis der Motor ansprang, und glitten – inzwischen mit etwas mehr Übung – zurück in den R4, während ich unter viel Gestank und Aufheulen Monsieur Moteur am Laufen hielt. Mit Ach und Krach schafften wir es den Berg hinauf bis nach Hettingenbeuren. Dann mussten Gitta und Bine wieder aussteigen und neben dem R4 herlaufen.
Es begann langsam zu dämmern, als wir oben ankamen, was bei der Jahreszeit und trübem Himmel ja nicht viel zu sagen hat. Doch Opa Theo empfing uns mit hochrotem Kopf. Auch er hatte offenbar schon das ein oder andere Gläschen getrunken. Wo treibt ihr euch denn rum? Der Baum muss doch auch noch geschmückt werden! Tante Regine und Onkel August sind schon längst da. Nichts kann man euch alleine machen lassen! Als er sah, wie wir uns eine nach der anderen aus dem Autofenster schälten, wechselte sein

Ärger in Verwirrung und schließlich in wieherndes Gelächter.
Wir befreiten den Weihnachtsbaum von seiner Wäscheleinefessel. Gitta und Bine trugen ihn ins Haus. Ich wollte den R4 eigentlich zwischen Opas und Onkel Augusts Autos parken, doch der Motor war schon wieder ausgegangen.
Die Schrottlaube schieben wir hinter die Scheune, bestimmte Opa Theo. Wahrscheinlich wollte er nicht, dass sein Bruder am Abend beim Wegfahren mein Auto sah. In seinen Pantoffeln lief er auf den vereisten Hof und gab mir Anweisungen. Gang raus, Lenker nach links kurbeln. Schieb doch mit. Jetzt nach rechts. – Ich glaube, da steht der R4 noch immer.

Wenn wir Anfang Dezember zur Diamantenen bei Oma und Opa sind, gucken wir mal nach.
Bis dahin: Halt die Ohren steif, meine liebe Sophia, und sei herzlich gedrückt von

Deiner Tante Petra

Fritz Eckenga

In Wirklichkeit verkaufe ich Kinder

In dritter Generation betreibt Sven Stiepelmann (52) seinen Tannenbaumhandel am Rande der Dortmunder Innenstadt. Anfang Dezember besuchte ich den „Händler der vierten Jahreszeit" an seinem Standplatz. Im mit bunt blinkenden Lichterketten dekorierten Maschendrahtviereck gewährt der zierliche Hochsauerländer in einer Dreizigarettenpause Einblicke in sein Tagesgeschäft.

Lassen Sie uns über Weihnachten reden. Wie läuft das Geschäft?
Sven Stiepelmann: Läuft. Im Februar bin ich mit 30.000 Ocken bei Kurs rund 80 in Rheinmetall gegangen. Hat sich seitdem plus minus verdoppelt. Die Frage ist natürlich immer: Noch halten oder jetzt Gewinn realisieren? Was meinen Sie?

Also, das war nicht meine Frage …
Unter uns: Ich hab im Darknet der Handwerkskammer Düsseldorf erfahren, dass der dramatische Mangel an Baustoffen spätestens Mitte Januar die Kurse nochmal

richtig treiben wird. Frage also: Raus aus Rheinmetall? Rein in Holz?

Genau. Holz. Ihr Weihnachtsbaumgeschäft, wie läuft's? …

Ach das. Mach ich wegen der Steuer. Ist mehr so'n Abschreibungsding.

Und die Kunden? Ist die Stimmung gereizter als in den Vorjahren?

Nicht gereizter als sonst. Also sehr gereizt. Ohne professionelles Phlegma schaffst du das hier nicht. Schauen Sie sich den Typen neben mir an. Vertickt verbrannte Mandeln und gematschte Maronen. Guckt aus der Wäsche wie Jesus im Endstadium. Heute Mittag hat er sich auf 'ne Euro-Palette gestellt und gebrüllt: „Ich habe Menschen gerufen – aber es ist wieder nur Kundschaft gekommen."

Also, wie schaffen Sie das? Was ist Ihr Rezept?

Cool bleiben. In drei Wochen ist Ruhe im Karton. Heiligabend mittags kommt immer mein Lieblingskunde. Entspannter Realist. ‚Weihnachten ist Familie, so wie 'n Pflichtspiel gegen den Angstgegner', so sein Credo. ‚Da kannst du von Glück sagen, wenn du mit 'nem torlosen Unentschieden ins Bett geschickt wirst.' Morgens pflügt er durch die City und tut, was ein Mann tun muss. Letzte Station bin ich: Baum holen. Vorher zieht er bei Rewe noch eine polnische TK-Gans aus der Truhe. Ich hab ihn mal gefragt: ‚Wie kriegst du die eigentlich noch rechtzeitig aufgetaut?' Er: ‚Auf der Heizung. Und dann immer volle Düse mit dem Föhn drauf. Das Tier muss vorher schon richtig schwitzen, damit die Vogelgrippe da rauskommt. Darfste nur nicht so nah ran gehen mit dem Föhn. Falls die nicht gut gerupft ist, gibt's Spliss.'

Ein Witzbold?
Nö, eher ein nüchterner Typ. Bevor er bei mir den Baum kriegt, greift er sich bei Douglas noch was von der Stapelware. Immer den Damenduft des Jahres. Dieses Jahr ‚La vie est belle'. Tja, für einen realistisch veranlagten Mann ist es wahrscheinlich ein großes Geschenk, wenn sie über die Feiertage wenigstens ein bisschen so duftet wie Julia Roberts, ne?

Aber bis Heiligabend ist es ja noch hin.
Ach was. Sitz ich doch auf einer Arschbacke ab. Bisschen traden, bisschen rauchen. Zwischendurch kümmere ich mich um die bewussten Baumverbraucher.

Kommen immer in Öko-Camouflage, Barbour-Jacke oder zertifizierte Funktionstextilie. Und dann wünschen sie Produktberatung: ‚Handelt es sich um eine heimische Tanne? Ist der Baum aus regionalem Anbau? Kann ich die Schale mitessen?'

Und sagen Sie dann die Wahrheit?
Na hörn se mal. Nicht jeder Dienstleister ist ein Unmensch. Es ist doch so: In Wirklichkeit verkaufe ich Kinder. Das sind ja ganz junge Pflänzchen. Noch nicht mal fortpflanzungsfähig. Das, wo die Völker ihr Lametta dranhängen, sind eigentlich frisch gefällte Babys. Die Wahrheit kann ich den Menschen doch nicht zumuten. Also sag ich: ‚Global denken, lokal ernten. Ich arbeite nur mit mir persönlich bekannten Baumproduzenten aus der Region. Vorzugsweise Demeter-Standard, mindestens aber Bioland-Siegel. Limitiertes Kontingent, nachhaltig, in deutschem Mutterboden ausgebaut. Keine Vermischung mit Fremdkulturen. Es spricht überhaupt nichts dagegen, meine Damen und Herren, den Baum auch einfach mal nur auf den Arm zu nehmen!'

Vielen Dank für das Gespräch, Herr Stiepelmann.
Interview: Fritz Eckenga

Monika Lehmann-Etzelmüller

Der Gorilla an der Krippe

Unsere Krippe hat mein Mann in unsere Ehe gebracht, völlig nichtsahnend von den daraus entstehenden Komplikationen. Die Krippe stammt aus seiner norddeutschen Heimat und sieht eigentlich nicht nach Bethlehem aus, sondern, nun ja, nach Brunsbüttel-Schmedeswurth. Sie ist von dichtem Wald umgeben, und öfter schauen dessen Bewohner, Reh, Hirsch, Hase und Eichhörnchen im Stall vorbei. Wir haben uns angewöhnt, dass die Krippe am ersten Advent feierlich hervorgekramt wird, und nach und nach treffen die Bewohner ein, als erstes der Ochse als mutmaßlicher Dauerbewohner. So dachte ich mir das. Doch immer öfter kam es vor, dass, wenn ich der Krippe den Rücken zukehrte, seltsame Gestalten sich dort niederließen. Der Elefant ging ja irgendwie noch, aber der Pinguin, der Gorilla, das Stinktier und das Walross, das es sich in der noch leeren Krippe gemütlich machte, das fand ich doch eher unpassend. Doch sooft ich auch einen Platzverweis erteilte und das Getier in die Wildnis zurückschickte, sie tauchten sofort wieder auf, wenn ich der Krippe den Rücken kehrte. Bald herrschte im

Stall eine Artenvielfalt und bedrängende Enge wie auf der Arche Noah. Es tauchten noch andere Dinge auf, die meiner Ansicht nach nichts im Stall von Bethlehem zu suchen hatten. Das Dach des Stalles wurde mit Schnullern dekoriert; das Innere mit Windeln ausgelegt, und neben den Bäumen wuchsen Milchflaschen empor, um die sich die endlich eingetroffenen Heiligen Drei Könige ängstlich herummogeln mussten. Die Schafe bekamen ein Gatter aus Legosteinen. Nur der Stern schwebte unbedrängt über der seltsamen Szenerie – an ihn kam meine Tochter nicht ran.

So geht es nicht weiter. Ich stelle meine Tochter zur Rede. Zwei große runde Augen gucken mich vorwurfsvoll an, und meine Tochter sagt: „Mama, du hast selbst gesagt, an die Krippe dürfen alle kommen. Also auch Pinguine, Gorillas und Stinktiere."

Ich stottere noch ein mattes „Von einem Gorilla war aber nie die Rede" heraus, aber ich weiß: Ich habe verloren. Unsere Gäste schauen jetzt manchmal etwas indigniert auf unsere seltsame Weihnachtskrippe – aber na ja, was soll man schon sagen, wenn sie in einem Pfarrhaus steht, wird es schon seine Richtigkeit haben. Hat es auch. Endlich ist Frieden.

Christian Bartel

Weihnachten

„Man hat nur eine Eltern", hatte Suse Beckinger mit Tränen in den Augen in ihren fünften oder sechsten Glühwein hineinphilosophiert. Vielleicht hatte sie auch „Ich hasse meine Eltern" gesagt. So genau hatte Bruno sie nicht verstanden, weil Suse schon ein wenig gelallt und sich am Glühweinstand etwas abseits gehalten hatte.

„Wegen der Aerosole", wie sie gesagt hatte.

Aber um Eltern war es gegangen, da war Bruno sicher. „Die sind ja bald tot, und dann ärgert man sich", hatte der unsensible Gerald den Erkenntnisstand der Runde nämlich irgendwann zusammengefasst.

Als der Weihnachtsmarkt schloss, hatten alle versichert, dieses Weihnachten „unbedingt" mal wieder mit den Eltern verbringen zu wollen. Die seien ja jetzt alle geboostert.

Und genau wegen dieser Unterhaltung saß Bruno nun am Weihnachtsabend in seinem Auto und versuchte vergeblich, sich an die Adresse seiner Eltern zu erinnern. So etwas vergaß man doch nicht, grämte sich Bruno, bis ihm einfiel, dass er außer seiner eigenen keine einzige Telefonnummer mehr auswendig wusste. Von wegen schlechter Sohn, dachte er, so ein stupide auswendig gelerntes Karteikasten-Wissen brauchte heutzutage einfach kein Mensch mehr.

Der Anschrift seiner Eltern brachte ihn das aber auch nicht näher.

Ein häufiger Nadelbaum mit der Hausnummer sieben war es, das fiel ihm immerhin irgendwann ein. Bruno gab den Ortsnamen und dann „Kiefernweg 7“ ein. Es passte, das Navi erkannte die Adresse und Bruno atmete auf.

Bruno war nicht oft in dem altersgerechten Domizil gewesen, das seine Eltern mittlerweile bewohnten. Außerhalb des längst verkauften Hauses seiner Kindheit waren sie ihm immer merkwürdig fremd vorgekommen.

Nach dem letzten gemeinsamen Abendessen dort hatte sich Bruno eilig verabschiedet. „Die Arbeit“, hatte er entschuldigend gesagt. Seine Eltern hatten genickt und keine Fragen gestellt, was Bruno zu seiner eigenen Überraschung wütend gemacht hatte. Seither beschränkte sich der Kontakt auf gelegentliche Telefonate mit der Mutter, aber Bruno konnte sich nicht mehr in Erinnerung rufen, worüber sie dabei sprachen.

Außer Bruno hatte übrigens niemand aus der Glüh-

weinrunde die Ankündigung in die Tat umgesetzt, darüber hatte ihn gestern eher zufällig der unsensible Gerald informiert, als sie sich vor dem Supermarkt trafen. „Irgendwas Gutes muss diese Scheißpandemie ja haben", hatte Gerald gegrinst und Bruno erzählt, dass alle Elternbesuche wegen der Omikron-Variante längst einvernehmlich storniert waren.
Stattdessen traf man sich am späten Weihnachtsabend unter dem Heizpils vor der Stammkneipe, erfuhr Bruno und fühlte sich vage betrogen, denn mittlerweile war es natürlich zu spät, seinen Eltern noch abzusagen.
Als er den Motor anließ, beschloss Bruno, es den Freunden heimzuzahlen. „Es war wirklich superschön, eine ganz wertvolle Erfahrung, ich bin so froh, dass ich das gemacht habe", nahm sich Bruno vom gemeinsamen Weihnachten mit den Eltern zu erzählen vor, das gefühlige Tremolo der Suse Beckinger imitierend.
Man sei einander nähergekommen, aber auf Augenhöhe, verfeinerte Bruno seine Geschichte, als er über die regennasse Landstraße fuhr. „So rein menschlich", sagte er laut, verwarf diese Formulierung aber wieder. So etwas Abgedroschenes sagten nur Fußballspieler und Lokalpolitiker. Als das Navi Bruno in den Kiefernweg einbiegen ließ, war er vom Triumph seines Heiligabends restlos überzeugt. Während die Freunde

sich sinnlos betranken, würde er eine intensive Beziehung zu den Eltern aufbauen.
„Es war eher wie ein Besuch bei richtig guten Freunden", nahm sich Bruno zu erzählen vor. Das würde er besonders dem unsensiblen Gerald mit seiner übergriffigen Klammermutter unter die Nase reiben.
„Dieses Gezwungene, dieses krampfige Familientheater, das gibt es bei uns ja gar nicht", würde Bruno sagen und dazu würde Gerald ausnahmsweise mal keine unsensible Bemerkung einfallen.
Als die Tür des unscheinbaren Reihenhauses in einer Siedlung unscheinbarer Reihenhäuser geöffnet wurde, erschrak Bruno jedoch.
Seine Mutter war kleiner, als er sie in Erinnerung hatte, aber das war wohl eine normale Alterserscheinung. Ob sich sein Vater verändert hatte, vermochte Bruno nicht genau zu sagen. Seit Bruno denken konnte, hatte sich sein Vater immer derart im Hintergrund gehalten, dass er nie einen besonders tiefen Eindruck hinterlassen hatte. Da stand nun also etwas Beglatztes und Bauchiges im Hausflur und beklopfte auf das mütterliche Stichwort „Der Vati freut sich auch sehr" mit unsicheren Händen Brunos Schultern.
„Das hast du selbst gemacht?", fragte seine Mutter, als Bruno das Tiramisu in den Kühlschrank stellte. Bruno

nickte, obwohl er den Nachtisch bloß bestellt und gestern beim Italiener abgeholt hatte. „So was konnte er ja schon immer“, rief sein Vater aus dem Wohnzimmer, ohne zu erläutern, worin dieses „Sowas“ bestand. Vielleicht glaubt er, dass ich schon immer Dinge in den Kühlschrank stellen konnte, wunderte sich Bruno.
Dann musste er Baum und Weihnachtsfiguren bewundern, während seine Mutter umständlich erklärte, welche der Engelmusikanten sie auf welchen Handwerker- und Weihnachtsmärkten gefunden hatte.
„Der Baum hat dreiunddreißigfünfzig gekostet“, klärte ihn sein Vater auf. Bruno nickte, aber sein Vater schien nicht zufrieden mit dieser Reaktion.
„Das ist ja allerhand“, schob er deswegen nach und diesmal nickte sein Vater zufrieden.
„Die hast du in der Grundschule gebastelt“, wies ihn seine Mutter auf die ungelenk ausgesägten Holzsterne an den Zweigen hin. Bruno konnte sich zwar nicht an diese Bastelarbeit erinnern, war aber trotzdem gerührt. Dass seine Mutter derartiges überhaupt aufhob, das war doch ein Beweis für die Tiefe ihrer Beziehung.
Das würde er der Suse Beckinger mit ihrer Scheißkindheit erzählen, daran hätte die bestimmt lange zu kauen.
Als Weihnachtsessen hatte Brunos Mutter Wolfsbarsch in Salzkruste zubereitet. Beide Elternteile waren

erstaunlich versiert im Umgang mit dem Fischbesteck, während Bruno ein Massaker anrichtete.
Er konnte sich nicht erinnern, dass seine Eltern je Fisch gegessen hatten.
„Den habe ich extra für dich gemacht", behauptete seine Mutter, dabei hatte sich Bruno erst kürzlich vorgenommen, Fisch zu mögen, um weltläufiger zu erscheinen. Nun, womöglich hatte er das seiner Mutter gegenüber am Telefon erwähnt.
Die fischessenden Eltern erzählten von Städtereisen, die sie offenbar schon seit einer ganzen Weile unternahmen. Besonders sein Vater schwärmte von irgendwelchen Uffizien, die Bruno nichts sagten, doch plötzlich unterbrach er die schier endlose Aufzählung der besichtigten Caravaggios, Botticellis und Tizians und fragte mit sorgenvoll gekrauster Stirn: „Und auf der Arbeit, Junge?"
„Ach, ganz gut", begann Bruno, aber weil er sich von Wolfsbarsch, Bildungsreisen und der unerwarteten Kunstkennerschaft ungehörig herausgefordert fühlte, hörte er sich plötzlich sagen: „Ich hab gerade die Abteilung übernommen."
Kaum war diese Unwahrheit ausgesprochen, bereitete es Bruno kaum noch Mühe, eine entsprechende Abteilung zu erfinden. Mit Begeisterung und einer Exper-

tise, die ihn selbst am allermeisten überraschte, berichtete Bruno von seinem Berufsalltag als Sales Manager des weltweiten Marktführers für optische Präzisionskomponenten.
Über diese Firma hatte er neulich auf dem Klo einen Artikel gelesen.
Und auch wenn sein Beruf nur angelesen sein mochte, war Bruno heute, an diesem schönen Weihnachtsabend mit seinen Eltern, stolz auf das Erreichte und erhob das Glas, um einen Toast auszusprechen. Die Eltern blickten ihn bewundernd an.
Der Vater sagte sogar mit belegter Stimme „Bravo!", und Bruno fragte sich, warum er in den vergangenen Jahren nie darauf gekommen war, den Weihnachtsabend mit den Eltern zu verbringen. Das war so viel besser, als um den Heizpilz vor der Stammkneipe zu stehen und sich die Geschichten vom unsensiblen Gerald anzuhören. Hier konnte sich Bruno richtig öffnen, hier hörte man ihm zu.
Als sie das Tiramisu aßen, erzählte Bruno ganz gelöst von einer wunderbaren Frau, die er kennengelernt habe, und versprach, die Suse den Eltern bald einmal vorzustellen.
„Sie freut sich drauf", sagte Bruno und freute sich fast selber drauf. Als Bruno beim Kaffee schließlich auch

noch Nachwuchs in Aussicht stellte, bekam nicht nur seine Mutter feuchte Augen.
Bei der Verabschiedung zog ihn sein Vater ganz eng an sich. Solche Gefühlsbezeugungen waren selten in Brunos Familie, umso wichtiger und wertvoller erschien ihm dieser Moment.
„Ich habe ganz tolle Eltern", erklärte Bruno schon mal dem Innenspiegel seines Autos und konnte nicht den Hauch eines Zweifels in seinem Gesicht entdecken. Auf der Rückfahrt drehte er das Radio auf und sang eine Weihnachtsschnulze mit, die er eigentlich nicht ausstehen konnte.
Brunos Hochstimmung hielt bis über die Feiertage an, dann erreichte ihn ein Brief. Seine Eltern informierten ihn darin über den gelungenen Verlauf ihres „stimmungsvollen" Weihnachtsfestes im Romantikhotel Schröter.
Allerdings sei das als „reichhaltig" annoncierte Festtags-Buffet allzu „fischlastig" gewesen. Der Brief enthielt einen 50-Euro-Schein mit der Aufforderung an Bruno, sich „was Schönes" zu kaufen.
Der Umschlag indes trug die Adressaufschrift „Fichtenweg 7".
Kiefern und Fichten, dachte Bruno, die hatte er noch nie unterscheiden können. Bruno ging zu seinem Auto

und blieb darin sitzen, bis sein Atem die Scheiben beschlagen ließ, dann fuhr er das Navi hoch. Nach einem kurzen Zögern programmierte er den Kiefernweg in die Adressliste ein. Dann rief er Suse Beckinger an.

Kai König

Once upon a Christmas Time

„Ein bisschen besser hättest du schon planen können!" Missmutig rutschte Maria auf dem Rücken des Esels herum. „Das weiß man doch, dass man ein Zimmer schon Monate vor Anreise buchen muss. Um Chanukka rum ist doch Hauptsaison! Und dazu die Volkszählung! Bei so einem gesellschaftlichen Großereignis muss man ordentlich planen!"
Josef schloss die Augen und zählte in Gedanken bis zehn. Die ganze Zeit ging das schon so. „Josef, der Esel ist unbequem! Warum hast du keine Kutsche gemietet?" – „Ja, Schatz. Es tut mir leid, Schatz." – „Josef, wir hätten ruhig auch früher abreisen können. Ich muss noch Geschenke kaufen, und Bethlehem hat so trendige Läden!" – „Ja, Maria. Ich habe nicht nachgedacht, Maria." Die ganze Zeit! Hing wohl mit der Schwangerschaft zusammen. Und trotzdem … nach der ganzen Reiserei reichte es ihm.
„Und? Was hast du dazu zu sagen?" Marias Stimme riss ihn aus seinen Gedanken.
„Ja, Liebling. Ich hätte mich wirklich besser um eine Unterkunft kümmern müssen, Liebling." Nichts.

Keine Reaktion. Nervös blickte Josef zu seiner Frau auf. Entgeistert starrte sie zurück. Dann polterte sie los: „Nie hörst du mir zu. Nie! Ich hab dich gefragt, was du zu tun gedenkst!?“ Zornig tippte ihr Fuß gegen den Esel.
„I-Aaaah!“ Josef war sich nicht sicher, ob er einen vorwurfsvollen Unterton im Laut des Tiers hörte oder Mitleid. Er entschied sich für letzteres und streichelte dem Esel dankbar über die Nase.
„Wir werden halt weitersuchen müssen.“
Seine Liebste verdrehte die Augen. „Was für ein toller Plan! Weitersuchen! Ich bin ja nur hochschwanger, seit mehreren Tagen unterwegs und von der ganzen Reiterei auf dem Esel tut mir mein Allerwertester weh. Was machen da ein paar Stunden mehr noch aus!“
Statt darauf hinzuweisen, dass er den ganzen Weg hatte laufen dürfen, verdrehte Josef nur die Augen.
„Ja, woher soll's denn kommen? Vom Heiligen Geist?“, entfuhr es ihm. „Von da haben wir bisher noch nie was gekriegt!“
„Na ja, sooo kannst du das jetzt auch nicht sagen“, antwortete Maria unerwartet kleinlaut und schaute mit Unschuldsmiene zu den Sternen hoch. „Ich hab da so ein Gefühl, dass der schon auf uns achtet …“ Dann schüttelte sie kurz den Kopf, und schon war die Verle-

genheit verschwunden. „Und das ist ja wohl wieder mal typisch. Schiebst die Schuld auf andere!“ Mühsam schluckte Josef eine Antwort runter, schloss die Augen und atmete tief ein. Einfach ruhig bleiben, streiten bringt ni …

„Könntest wenigstens mal jemanden nach dem Weg fragen“, fuhr Marias Stimme wie ein Messer zwischen seine Gedanken. „Aber nein! Der Herr weiß ja, wo's langgeht. Der Herr muss ja nicht fragen. Typisch!“

„Das habe ich nie gesagt“, seufzte Josef.

„Und machen tust du es trotzdem nicht!“ Sie stockte, ihre Augen verengten sich. „Da! Da hinten die kannst du doch fragen!“

Sie deutete auf drei reich gekleidete Ausländer, die auf Kamelen durch die Straßen ritten. Immer wieder blickten die drei Männer gen Himmel und unterhielten sich gestikulierend.

„Die sehen aber nicht so aus, als ob die von hier kommen.“ Er hatte es noch nicht zu Ende gesprochen, da wusste er schon, dass es ein Fehler gewesen war.

„Immer musst du diskutieren!“ Ihre Hände fuhren in die Höhe. „Mach doch einmal, was ich dir sage! Na toll, und jetzt sind sie weg!“ Sie sah ihren Mann vorwurfsvoll an. „Aber ich hab so ein Gefühl, dass wir dahin müssen!“

Statt ihr zu sagen, was er von ihren Gefühlen hielt, zog Josef nur träge an den Zügeln des Esels. „Na komm, alter Junge, lassen wir der Dame ihren Willen." Das Tier drehte träge seinen Kopf und schaute ihn mürrisch an. „Ja, ich weiß, was du denkst …"
„Was redest du denn da?", zischte Maria. „Los, komm in die Hufe!" Um ihren Worten Nachdruck zu verleihen, ruckelte sie auf dem Esel herum und klopfte mit ihren Füßen an seine Seite. „Beweg dich endlich, dummes Tier. Und das gilt auch für dich, Josef!"
Wohl wissend, dass Widerstand zwecklos war, setzte Josef sich langsam in Bewegung. Um seinen Standpunkt zu untermauern, ließ der Esel ihn erst ein wenig an den Zügeln rumzerren, bevor er sich mit einem entnervten „I-Aah" in Bewegung setzte und langsam hinter ihm her trabte.
„Da links lang!" – „Ein bisschen mehr Tempo!" – „Rechts! Da hinten musst du rechts abbiegen!" Unter Marias Anweisungen trabten Josef und der Esel durch die Straßen Bethlehems. Er konnte nicht sagen, wie lange sie schon unterwegs waren, als Maria Halt rief. Triumphierend deutete sie nach vorn. „Siehste – auf mein Gefühl kann man sich verlassen!" Josef musste sich strecken, um erkennen zu können, worauf sie deutete. Dann sah er ein Gebäude, das ein Schild als Herberge auswies.

„Los, schnell dahin, bevor uns jemand den letzten Platz wegschnappt!"
Als sie die Tür erreichten, schaute Josef müde hinauf und betrachtete das Schild über der Tür froh. Zum Stern von Bethlehem.
„Mach schon, ich bin müde!"
Rasch band Josef den Esel vor dem Gasthof an. „Ich bin ja schon unterwegs!" Obwohl der Gastwirt zuerst wenig geneigt war, ihnen ein Zimmer zu geben, konnte Josef ihn doch überzeugen, sie aufzunehmen.
„Ein Zimmer hatten sie allerdings nicht mehr", gestand er Maria kleinlaut, als er wieder bei ihr war. „Nur noch den Stall. Aber es ist da sehr geräumig, und was anderes als Stroh ist auch nicht in den Matratzen", beeilte er sich hinzuzufügen, als er sah, wie Maria zu einer erneuten Tirade ansetzte. „Und durch die Ochsen und Schafe haben wir es schön warm." Dass noch Hirten von ihren Herden zum Aufwärmen vorbeikommen könnten, wie der Wirt meinte, verschwieg er ihr jedoch erst einmal. „Und es ist auch gar nicht mal teuer!"
„Ein Stall also", seufzte Maria schließlich. „Wir reden morgen weiter. Ich bin müde. Und es ist besser als nichts." Sie gab dem überraschten Josef einen Kuss auf die Stirn. „Solange es jetzt noch eine stille Nacht wird …"
Hoffen wir's, dachte Josef. Hoffen wir's …

Hans Fallada

Der gestohlene Weihnachtsbaum

[…] Seit Mitte Dezember der erste Schnee gefallen war, dachte Herr Rogge wieder an den Weihnachtsbaum und die alljährlich wiederkehrenden endlosen Schwierigkeiten, bis er ihn haben würde. Die Kinder aber nahmen allmorgendlich ihre kleinen Schlitten und zogen in den Wald, den Weihnachtsmann zu treffen. Natürlich war es einfach lächerlich, dass es in diesem Lande mit Wald über Wald keine Weihnachtsbäume geben sollte. Überall standen sie, sie wuchsen einem gewissermaßen in Haus, Hof und Garten, aber sie gehörten nicht Herrn Rogge, sondern der Forstverwaltung. Der alte Förster Kniebusch aber, mit dem Herr Rogge sich übrigens verzankt hatte, verkaufte schon längst keine Baumscheine mehr.

„Wozu denn?", fragte er. „Es kauft ja doch keiner einen. Und wenn sie sich ihren Baum lieber ‚so' besorgen, habe ich doch den Spaß, sie zu erwischen, und ein Taler Strafe für einen Baum, den ich ihnen aus den Händen und mir ins Haus trage, freut mich mehr als sechs Fünfziger für sechs Baumscheine." So würde also Herr Rogge sich entweder den Baum „so" besorgen müssen – was er nicht tat, denn erstens stahl er nicht und zweitens gönnte er Kniebusch nicht die Freude – oder er würde achtzehn Kilometer in die Kreisstadt auf den Weihnachtsmarkt fahren müssen, zur Besorgung eines Baumes, der ihm vor der Nase wuchs – und das tat er erst recht nicht, und den Spaß gönnte er Kniebuschen erst recht nicht. Blieb also nur die unmögliche Hoffnung auf den Weihnachtsmann und seine Wunder, die die Kinder hatten.

Gleich hinter dem Dorf ging es bergab, einen Hohlweg hinunter, in den Wald hinein. Manchmal kamen die Kinder hier nicht weiter, [...] vergaßen den Weihnachtsmann und liefen immer wieder bergan. Heute aber sprach Thomas zum Schwesterchen: „Nein, es sind noch drei Tage bis Weihnachten, und du weißt, Vater hat noch keinen Baum. Wir wollen sehen, dass wir den Weihnachtsmann treffen." So ließen sie das Schlitteln und traten in den Wald. Was der Thomas aber nicht einmal dem Schwesterchen erzählte, war, dass er Vaters Taschenmesser in der Joppe hatte. [...]

Der alte Kakeldütt war das, was man früher ein „Subjekt" nannte, wahrscheinlich, weil er so oft das Objekt behördlicher Fürsorge war. Aus dem mickrigen Leib wuchs ihm ein dürrer, faltiger, langer Hals, auf dem ein vertrocknetes Häuptlein wie ein Vogelkopf nickte.

Wenn der Herr Landjäger sagte: „Na, Kakeldütt, denn komm mal wieder mit! Du wirst ja wohl auch allmählich alt, dass du vor den sehenden Augen von Frau Pastern ihre beste Leghenne unter deine Jacke steckst", dann krächzte Kakeldütt schauerlich und klagte beweglich: „Ein armer Mensch soll es wohl nie zu was bringen, was? Die Pastern hat 'ne Pieke auf mich, wie? Und Sie haben auch 'ne Pieke auf mich, Herr Landjäger, wie? Natürlich in allen Ehren und ohne Beamtenbeleidigung, was?" Und bei jedem Wie und Was ruckte er heftig mit dem Häuptlein, als sei er ein alter Vogel und wolle hacken. Aber er wollte nicht hacken, er ging ganz folgsam und auch gar nicht zufrieden mit.

Wir aber als Erzähler denken, wir haben unsere Truppen nun gut in Stellung gebracht und die Schlacht gehörig vorbereitet: hier den alten Förster Kniebusch, der gern Tannenbaumdiebe fängt. Dort den Vater Rogge, in Verlegenheit um einen Baum. Ziemlich versteckt das anrüchige Subjekt Kakeldütt mit großer Findigkeit für fragwürdigen Broterwerb, und als leichte Truppen, die das Gefecht eröffnen, Thomas mit dem Schwesterchen, ziemlich gläubig noch, aber immerhin mit einem nicht einwandfrei erworbenen Messer in der Tasche. Im Hintergrund aber die irdische Gerechtigkeit in Gestalt des Landjägers und die himmlische,

vertreten durch den Weihnachtsmann. Alle an ihren Plätzen? Also los!
Das Erste, was man durch den dick mit Schnee gepolsterten, stillen Wald hört, ist: ritze-ratze, ritze- ratze… Kakeldütt, erfahrener auf dunklen Pfaden als der siebenjährige Thomas, weiß, dass ein Tannenbaum sich schlecht mit einem Messer, gut mit einer Säge von den angestammten Wurzeln lösen lässt.
Herr Rogge, im Zwiespalt mit sich, greift nach Pelzkappe und Handstock: Hat man keinen Tannenbaum, kann man sich doch welche im Wald beschauen. Kniebusch stopft seine Pfeife mit Förstertabak, ruft den Plischi und geht gegen Jagen elf zu, wo die Forstarbeiter Buchen schlagen.
[…]Ritze-ratze… Ritze-ratze… Förster Kniebusch – die akustischen Verhältnisse in einem Walde sind unübersichtlich –, Förster Kniebusch ruft leise den Hund und windet. „I du schwarzes Hasenklein! War das nun drüben oder hinten? Warte, warte…" Ritze-ratze…
Thomas und das Schwesterchen horchen auch. Schnarcht der Weihnachtsmann wie Vater? Hat er Zeit, jetzt zu schnarchen?! Friert er nicht? Erfriert er gar – und ade der bunte Tisch unter der lichterleuchtenden Tanne?! Ritze-ratze…

Herr Rogge hat die Fußspuren seiner Kinder gefunden und vergnügt sich damit, ihre Spuren im Schnee nachzutreten, mal Schwesterchens, mal Brüderchens. ‚Thomas wird doch keine Dummheiten machen?‘, denkt er. ‚Ich hätte doch in die Stadt fahren sollen.‘

„Ach nee, ach nee“, stöhnt ganz verdattert Kakeldütt, wackelt mit dem Vogelkopf und starrt auf die Kinder. „Wer seid denn ihr? Ihr seid wohl Rogges?“

„Das ist der Weihnachtsbaum“, sagt Thomas ernst und betrachtet die kleine Tanne, die mit ihren dunklen Nadeln still im Schnee liegt.

„Weihnachtsbaum – Weihnachtsmann“, brabbelt Schwesterchen und sieht den ollen Kakeldütt zweifelnd an. Ist das ein echter Weihnachtsmann? Enttäuschung, Enttäuschung[...].

„Ich hab ’nen Baumschein vom Förster, du Roggejunge“, verteidigt sich Kakeldütt ganz unnötig.

„Hilfst du mir auch bei unserer Tanne?“, fragt Thomas und greift in die Joppentasche. „Ich hab ein Messer.“

In Kakeldütts Hirn erglimmen Lichter. Rogges haben Geld. Sie zahlen nicht nur zwanzig, sondern fünfzig Pfennig für einen Weihnachtsbaum. Sie zahlen eine Mark, wenn Kakeldütt den Mund hält. „Natürlich, Söhning“, krächzt er und greift wieder zur Säge. „Nehmen wir gleich den?“

Herr Rogge auf der einen, Förster Kniebusch auf der andern Seite der Tannen enttauchend, sehen nur noch Thomas und Schwesterchen. Keinen Kakeldütt.

„Thomas!“, ruft Herr Rogge drohend. „Rogge!“, ruft Kniebusch triumphierend. – „Nanu!“, wundert sich Thomas und starrt auf die Äste, die sich noch leise vom weggeschlichenen Kakeldütt bewegen. Der Sachverhalt aber ist klar: ein abgeschnittener Baum, ein Junge mit einem Messer in der Hand …

„Ich freu mich, Rogge“, sagt Kniebusch und freut sich ganz unverhohlen. […]

„Du glaubst doch nicht etwa, Kniebusch?“, ruft Rogge empört. „Thomas, was hast du getan?! Was machst du mit dem Messer?“

„Deinem Messer, Rogge“, grinst Kniebusch.

„Hier war ’n Mann“, sagt Thomas unerschüttert.

„Wo ist der Mann hin?“

„Weihnachtsmann weg!“, kräht Schwesterchen.

„Sollst du lügen, Tom?“, fragt Herr Rogge zornig. „Ekelhaft ist so was! Komm, sage ich dir …“ Und mit aller väterlichen Konsequenz eilt er mit erhobener Hand auf den Sohn zu. Ausgerechnet angesichts von Kniebusch als Waldfrevler erwischt! […]

„Halt mal, Rogge!“, sagt Förster Kniebusch mit erhobener Stimme und zeigt mit dem Finger auf den frischen

Baumstumpf. „Das ist gesägt und nicht geschnitten."
Rogge starrt. „Wo hast du die Säge, Junge?"
„Hier war 'n Mann", beharrt Thomas.
„Und recht hat der Junge, und du hast unrecht, Rogge", freut sich der Kniebusch. „Da die Spuren – das sind nicht deine und nicht meine. Und hast du überhaupt meistens und immer unrecht, Rogge. Damals, als wir uns verzürnt haben, hattest du auch unrecht. Fische können nicht hören! Du bist rechthaberisch, Rogge, und was war hier für ein Mann, Junge?"
„Ein Mann."
„Und wenn ich dieses Mal unrecht habe, aber ich hab's nicht, denn wozu hat er das Messer? Damals hatte ich doch recht. Und Fische können sehr wohl hören …!"
„Unsinn – in den Kuscheln muss er noch stecken, Rogge! Los, Plischi, such, du guter Hund! Los, Rogge, den Kerl zu fassen soll mir zehn Weihnachtsbäume wert sein. Los, Junge, fass deine Schwester an, wenn du ihn siehst, schreist du!" Und los geht die Jagd, immer durch die Tannen, wo sie am dicksten stehen.
„Weihnachtsmann!", ruft Schwesterchen. Die Tannennadeln stechen, und der Schnee stäubt von den Zweigen in den Nacken.
„Also lassen wir es", sagt nach einer Viertelstunde Förster Kniebusch missmutig. „Weg ist er. Wie in den

Boden versunken. Du kannst doch die Tanne brauchen, fünfzig Pfennig zahlst du, und so hat das Forstamt wenigstens was von dem Gejachter." Aber wo ist die Tanne? Dies ist der Platz, denn hier steht der Stumpf – aber wo ist die Tanne? „I du schwarzes Hasenklein!", sagt Förster Kniebusch verblüfft. „Der ist uns aber über, Rogge! Holt sich noch den Baum, während wir hier auf ihn jagen. Na, warte, Freundchen, wenn ich dir mal wieder begegne! Denn die Katze lässt das Mausen nicht, und einmal treffe ich sie alle..." [...]

Jedenfalls fasste Thomas auf dem Heimweg seine Meinung dahin zusammen: „Ich glaube, es war doch der Weihnachtsmann, Vater. Sonst hätt er doch nicht so verschwinden können, Vater! Wo der Hund mit war."

„Möglich, möglich, Tom", bestätigte Herr Rogge.

„Aber, Vater, klauen denn die Weihnachtsmänner Weihnachtsbäume?"

„Ach, Tom!", stöhnte Herr Rogge aus tiefstem Herzensgrunde – und war sich gar nicht im Klaren darüber, wie er diesen Wirrwarr in seines Sohnes Herzen entwirren sollte. Aber schließlich war in drei Tagen Weihnachten. Und vor einem strahlenden Tannenbaum und einem bunten Bescherungstisch werden alle Zweifel stumm und alle Kinderherzen gläubig.

Jan Weiler

Maria, ihm schmeckt's nicht

(Auszug)

Die Weihnachtsvorbereitungen in Italien fallen entschieden bescheidener aus als bei uns. Eigentlich merkt man erst an Heiligabend, dass die Geburt des Heilands bevorsteht. Antonio klatscht in die Hände und ruft: „So, nu mache wir der Baume!“ Ich denke: Prima!, und freue mich auf einen weiteren Spaziergang zu einem Baumhändler, möglicherweise mit einem Zwischenstopp bei Daniele, und greife nach meinem Schal.
„Was iste, willste du raus?“
„Ich denke, wir besorgen einen Baum?“, sage ich irritiert, denn ich sehe in Nonna Annas Wohnung kein für Dekorationszwecke taugliches Gehölz, nicht einmal einen Kaktus.
„Liebe Jung, musse wir nichte besorge, habbe wir schon lange besorgte.“
Nonna Anna kramt aus einem verwitterten Karton, den sie in ihrem Schlafzimmerschrank aufbewahrt, einen Weihnachtsbaum aus Plastik hervor. Toni steckt die Zweige zusammen und singt dazu „Dschingelle Bells“. Dann umspinnt er das Geäst mit kleinen bunten

Lämpchen, die bald in Reihe, bald in einem zufälligen Rhythmus aufleuchten: Gottes Lichtorgel oder, wie es in Nashville, Tennessee, heißen würde: God's own light organ. Der Baum kommt unter das Jesusbild im Wohnzimmer und blinkt von nun an sechs Tage ununterbrochen psychedelisch vor sich hin. Und das nicht nur bei Nonna Anna. Überall in dem kleinen Bergstädtchen zirpt und leuchtet und funzelt es bunt hinter den Fensterscheiben – und drinnen gibt es Schweinefüße und mit Oliven gefüllte Krapfen, während im Fernsehen Nikoläusinnen in gut gefüllten roten Bikinis Showtreppen hinuntergehen.

Nachmittags beginnen unsere Besuche bei den wichtigsten Onkeln, Tanten und entfernten Cousinen, also bei Marco, bei Pamela und Paolo sowie bei Matteo, der mich mit „Ciao, Kartoffel" begrüßt. Die Freude über unseren Besuch gipfelt allüberall auch in der Mobilmachung sämtlicher Nachbarn, die kurz vorbeikommen, um sich uns, vor allem natürlich Sara, anzusehen, die hier jeder seit ihrer Kindheit kennt. Flüsternd souffliert mir im Hintergrund mein Schwiegervater leise über Verwandte und Bekannte:
„Der da iste nichte gerade hellste Kügelchen in de Rosekranz. Kanner nicht unterscheiden Wein und

Hundepisse. Aber wenn du mal der Haus streichende willst, machte er billiger als alle andere. Kommte auch zu euch, musse nur fragen."
Am frühen Abend fahren wir bei immer noch rieselndem Schnee zu Opa auf den Friedhof. Nonna Anna bringt ihm Blumen und schimpft mit ihm, als sei er nie gestorben. Dann weiter in die Kirche und schließlich nach Hause. Wir Deutschen glauben nun, jetzt komme das Wesentliche: sich nett anziehen, Gedichte aufsagen, danach Bescherung. Aber in Italien ist Weihnachten gar nicht so wichtig, da wird nicht viel geschenkt. Weihnachten ist eher ein Kinderfest, die Kleinen bekommen reichlich: Kleidchen, Kerzchen, Puppen in rosa Tüllkostümen, Süßigkeiten und Spielzeug.
Zur großen Freude aller Anwesenden packt Giancas und Barbaras Sohn Antonio (der jüngste aller Namensvetter) eine blinkende Pumpgun aus, die ein derart infernalisches Geknatter von sich gibt, dass es keiner scharfen Munition bedarf, um seine Mitmenschen

damit umzubringen. Außerdem entsiegelt er mehrere Leuchtkugeln, Italienisch sprechende Tiere und ein Laserschwert.
Es ist übrigens den Italienern ein gewisser Hang zum Bonbonfarbenen nicht ernsthaft anzukreiden, denn nur wenn die Dinge schön bunt sind, erkämpfen sie sich die Aufmerksamkeit eines italienischen Kindes. Die Sachen müssen eigentlich nicht funktionieren – jedenfalls nicht lange – oder einem nachvollziehbaren Sinn dienen, sondern auffallen. Dies dürfte leitmotivisch für das Wesen der Italiener sein, in dem es ebenfalls hauptsächlich darum geht, andere auf sich aufmerksam zu machen. Wenn dies über die pure Leuchtkraft der eigenen Erscheinung nicht möglich ist, dann eben über Geräusche. Italienische Männer, auch wenn sie keine Operntenöre sind, wissen stets, wie man sich akustisch in Szene setzt. Übertragen auf Spielzeug zu Weihnachten heißt das: Ein Geschenk, das keine Geräusche macht, ist etwas für Taubstumme – oder Deutsche.
Folgerichtig erhalte ich ein sehr leises Geschenk: einen panettone. Es hatte sich wohl herumgesprochen, dass ich Bauschaumkuchen über alles liebe. Die Schadenfreude meiner Frau legt sich, als sie ihr geblümtes Duschhäubchen ausgepackt hat.

Nachdem sich die Wogen der Aufregung um die schönen Geschenke geglättet haben, spielen wir, das macht meine Familie immer so. Meistens wird scopa gespielt. Wenn aber mal alle beisammen sind, und das ist höchstens zweimal pro Woche der Fall, dann wird der große Karton geöffnet. Dann ist Tombola-Time.

Jeder erhält ein Kärtchen und Nonna Anna dreht ein kleines Rad. Wer die richtige Zahl hat, schreit: „Tombola!“ Nun wird kontrolliert, weil eigentlich alle schummeln, und anschließend wird wieder gedreht. So geht das stundenlang und ohne nachlassende Begeisterung.

Im Jahr davor hatten wir zu Hause bei uns gefeiert und Toni kam zu Besuch. Leider hatten wir kein Tombola-Set und spielten ersatzweise ein anderes Spiel. Das geht so: Einer muss einen Begriff erklären und darf dabei eine Reihe von Wörtern nicht benutzen. Wenn die Mitspieler erraten, worum es geht, bekommt man einen Punkt. In einer begrenzten Zeit muss man versuchen, möglichst viele Begriffe zu erläutern. Das ist ein heite res Spiel, besonders, wenn Toni mitspielt.

Er zog eine Karte vom Stapel und hob an: „Also, iste eine Dinge da, wenne Winter iste und iste lausekalt, musste du auf der Kopf tragen und über die Ohre, dann wird schöne warm und musste nicht frieren.“

„Mütze!“, rief meine Frau.

Das wäre im Prinzip gut gewesen, aber leider stand auf der Karte „Münze“. Kein Punkt für Toni, was diesen jedoch nicht lange verdross, weil er fand, dass er das Wort gut erklärt habe, auch wenn ein ganz anderes gefragt war.
In der nächsten Runde zog er wieder eine Karte und rief aufgeregt: „Iste eine Geschäft, große Geschäft. Fährste mit der Auto hin und kannste kaufe Benzin oder vielleichte Diesel und gibt auch Zigaretten, aber keiner darfe rauchen.“
„Tankstelle!“, riefen wir.
Er: „Ja, aber eine bestimmte.“
„Aral! Esso! BP!“
„Nein, alle nixe.“
„Shell!“
„Jawoll, iste Shell.“
Auf der Karte stand „schnell“.
Nun also Tombola. Toni ist ein Meister darin. Er bescheißt so hemmungslos, dass ihn die anderen irgendwann widerstandslos gewähren lassen. Am Ende gewinnt er und ruft: „Bin i eine gute Spieler? Nu sag mal: Bin i eine gute Spieler?“
„Du bist der Beste.“
„Iste nicht schöne Weihnachten, meine liebe Jung?“
„Es ist wunderschön.“

Andreas Scheffler

Der Weihnachtmann hat sich erhängt

Was den Weihnachtsschmuck angeht, bewegt sich unser Dorf durchaus im Bereich des Gewöhnlichen: Hier und da ein beleuchteter Weihnachtsbaum, Lichterketten an Fenstern und Zäunen, vereinzelt illuminierte Figuren wie Rentiere, Schneemänner und Rehe und einige rot leuchtende Herrnhuter Sterne. – Nichts Besonderes eigentlich. Ein Haus aber sticht schon seit Jahren aus dem Einerlei heraus; ein großes Einfamilienhaus mit einem weitläufigen Garten vor und neben dem Gebäude, das über und über im Lichterglanz erstrahlt. Am Dachgiebel, an allen Fenstern und am Balkon, der sich die ganze Frontseite entlangzieht, sind Lichterketten angebracht, hinter den Scheiben hängen glitzernde Sterne, und an der Fassade sind, von oben nach unten fließend, aufleuchtende Lämpchen angebracht. Im Vorgarten und neben dem Haus stehen ein großer, von innen erhellter Schneemann, ein Rehkitz und ein Rentier nebst Schlitten, deren Konturen mit hunderten von Glühbirnen bestückt sind. Um dem Lichtermeer, das einen zu erschlagen droht, eine heitere Note zu verleihen, hängt am Balkon zusätzlich eine

Weihnachtsmannfigur. Etwa ein Meter groß krallt sie sich mit den Händen an das Geländer. Es ist schwer einzuschätzen, ob der Geschenkebringer im Begriff ist, den Balkon zu erklimmen, oder ob er, von seinem schweren Sack in die Tiefe gezogen, abzustürzen droht. Auf jeden Fall bleiben die Menschen, die bei einem Abendspaziergang durch das Dorf schlendern, am ebenfalls mit Lichtern bestückten Gartenzaun des Hauses stehen und betrachten für einen Augenblick das blinkende Schauspiel; mal bewundernd, mal mit einem spöttischen Kopfschütteln. Ich selbst habe mich noch nicht entschieden, ob ich der Familie einfach ihren Spaß gönnen soll oder die Schublade für mittelgroße Empörung aufgrund von schwerer Angeberei offenhalten sollte.

Über die Feiertage war ich auf Besuch bei meinen Geschwistern und nun am Sonntag wieder daheim. Ein kleiner Gang durch die Gemeinde, denke ich mir, ist genau das Richtige, um nach der langen Autofahrt die Glieder zu strecken und der Blutzirkulation in den verkalkten Beinarterien gleichsam unter die Arme zu greifen.

Um 17 Uhr ist es bereits finster. Die Straßen scheinen verlassen, bis ich mich dem leuchtenden Haus nähere. Schon von Weitem sehe ich eine Ansammlung von

Menschen. Es liegt eine unruhige Stimmung in der Luft. Grüppchenweise wird diskutiert. Ich kann mir eigentlich nicht vorstellen, dass die aufwändige Beleuchtung für so viel Aufregung sorgen kann, bis ich auf ein Detail aufmerksam gemacht werde. – Der ziemlich realistisch gestaltete Weihnachtsmann hängt nicht mehr am Balkongeländer. Es ist offenbar abgestürzt und baumelt nun mit dem Hals in der Lichterkette, als habe er sich stranguliert. Das etwas griesgrämige Gesicht blickt mit weit aufgerissenen Augen auf die Straße herunter. Es fehlte nur noch, dass ihm die Zunge aus dem Hals hinge.

Vermutlich wurde er von einer Windböe vom Geländer gerissen, hat sich dann in der Kette verfangen und einmal gedreht, woraufhin sich die kleinen Glühkerzen ineinander verhakt haben und den armen Mann in dieser Position verharren ließen. Tatsächlich bietet er ein Bild des Jammers.

Man habe schon mehrfach an der Haustür geklingelt, aber die Bewohner wären wohl verreist, wird mir berichtet.

„Aber die Lichter sind um vier Uhr angegangen. Wahrscheinlich Zeitschaltuhr“, erklärt mir eine ältere Frau.

„Wenn das Kinder sehen!“, sagt ein alter Mann entrüstet.

„Ach, die sehen heute doch noch ganz andere Sachen“, mischt sich ein Passant in den Dreißigern ein.
„Ich finde das Fatale daran ist die Symbolik, die in dem Ganzen steckt“, meldet sich eine Frau in mittleren Jahren zu Wort.
„Was für ’ne Symbolik?“, fragt ein Ehepaar unisono.
„Na, da ist einer beim Versuch, Gutes zu tun, gescheitert.“
„Ach hör’n se doch mit so was auf.“
„Jedenfalls sollte das entfernt werden, finde ich“, meint der alte Mann.
„Ich würde mich nicht wundern, wenn das von Anfang an so hing. Wenn das Absicht war“, sagt ein anderer Mann in den Fünfzigern.
„Nee, das ist erst seit heute“, weiß eine junge Frau. „Und ich finde, das sollte man so lassen. Man kann das doch auch als Kritik an dem ganzen Weihnachtstrubel verstehen.“
„Ach nee“, meldet sich wieder der Passant in den Dreißigern, „aber doch nicht bei dem ganzen Budenzauber, den der hier veranstaltet!“
„Wieso der?“, entrüstet sich die Frau. „Kann doch auch ’ne Die gewesen sein!“
„Meistens schmückt die Frau innen und der Mann außen“, sage ich auch mal was.

„Na, sie müssen es ja wissen."
„Genau", sage ich. „Davon mal ab: Kennt hier eigentlich jemand die Hausbesitzer?"
Ich erfahre, dass die Leute wohl ziemliche Eigenbrötler sind und kaum Kontakt zu irgendjemanden aus dem Dorf haben.
„Jedenfalls haben sie dafür gesorgt, dass man mal wieder ins Gespräch gekommen ist. Sonst geht man doch immer einfach aneinander vorbei", sage ich.
„Tcha", sagt der alte Mann, der um die Kinder besorgt war, „ich geh dann mal wieder."
Wie aufs Stichwort verabschieden sich alle anderen ebenfalls. Nur eine junge Frau, die bisher nichts gesagt hat, bleibt noch stehen. „Sie haben Recht", sagt sie. Man spricht kaum noch miteinander. Wollen wir bei Gelegenheit vielleicht mal einen Kaffee zusammen trinken?"
„Klar", sage ich. „Man sieht sich bestimmt."
„Bestimmt", sagt sie und lächelt. Ich lächele zurück. Gleichzeitig werfen wir noch einmal einen Blick auf den armen Weihnachtsmann.
„Vielleicht hat er wirklich noch was Gutes gebracht", sagt sie.
„Vielleicht", sage ich, „vielleicht gerade eben."

Juliane Link

Die Zusage

Jedes Jahr im Advent strickt meine Mutter Socken für mich. Ich mag ihre Socken, weil sie so warm sind, sie sitzen passgenau und ich weiß, dass die Wolle Masche für Masche von ihrer Zuneigung zeugt. Mit den Socken trage ich den ganzen Winter die Zärtlichkeit meiner Mutter an den Füßen.

Am zweiten Advent strickt meine Mutter immer noch, dabei sind meine Socken schon fertig. Auch das ist nicht neu. Vor ein paar Jahren hat sie Socken in Größe 45 gestrickt, davor in 40, davor in 42 und an die davor erinnere ich mich nicht mehr. Während sie den Anschlag für das nächste Paar fertigt, erneuert meine Mutter ihre Hoffnung. Dabei weiß sie von meinem Freund noch kaum etwas. Vorname, Alter, Beruf und ob es mir gut geht mit ihm. Und seine Schuhgröße. Mehr Informationen braucht meine Mutter nicht, um den Faden aufzunehmen und in einem Rhythmus, der in etwa ihrem Herzschlag entspricht, die Nadeln zu bewegen. Meine Mutter strickt für einen Unbekannten. Sie hat es schon mehrmals getan. Sie tut es, als sei es selbstverständlich. Die Socken halten sich jahrelang, sie überdauern all meine Beziehungen. Meine Mutter nimmt es hin und beginnt mit jedem meiner Partner von vorn.

Während aus einem nachtblauen Wollknäuel allmählich die Form eines Sockens in Größe 43 entsteht, macht meine Mutter sich ein erstes Bild von den Füßen des Mannes, der durch meine Straße läuft, die Treppe zu meiner Wohnung hochsteigt, die Schuhe auszieht in meinem Flur und auf dem Terrazzoboden in meiner Küche kalte Zehen bekommt. Dass sie für ihn strickt, ist mehr als ein Begrüßungsgeschenk, es ist eine Zusage: Mit den Socken wird mein Freund in die Familie aufgenommen. Noch ahnt er nichts davon. Ich habe heimlich nachgesehen, welche Zahl auf seinen Schuhsohlen steht, ich habe das im Auftrag meiner Mutter recherchiert.

Kommt er an Weihnachten mit?“, fragt sie am Telefon. „Nein“, sage ich, „es ist noch zu früh …“. „Macht es, wie ihr wollt, das hat ja Zeit … Er braucht nicht zu kommen, aber richte ihm aus, dass er eingeladen ist.“ Am Vierten Advent verpackt meine Mutter ein kleines Geschenk, ohne zu wissen, ob sie den Fremden an meiner Seite je zu Gesicht bekommen wird. Aber wenn – dann wird sie ihn mit offenen Armen empfangen. Sie wünscht sich, dass er bleibt, und traut der Verheißung einer Schuhgröße: 43. Das leichte, weiche Päckchen, das mir meine Mutter an Weihnachten in den Koffer legt, damit ich es ihm mitbringe, enthält eine Botschaft aus Wolle, verfasst in der Sprache der Schafe. Ob er sich über sie freuen wird, weiß ich nicht. Aber ich glaube, er wird sie annehmen.

Maik Martschinkowsky

Heute, Kinder, gibt's was

Es ist Weihnachten. Zeit der Ruhe und der Besinnlichkeit, Zeit der Liebe und des Müßiggangs, Zeit der guten Taten und Geschenke. Und damit auch eine gute Gelegenheit, um eine Aktion des Künstler-Kollektivs „King Mob“ wieder aufleben zu lassen. Dafür stehe ich in einem Weihnachtsmann-Kostüm in der Spielzeugabteilung eines großen Kaufhauses. Ein kleiner Junge steht mit leuchtenden Augen vor mir und schaut schüchtern dabei zu, wie ich den Bausatz einer riesigen Lego-Ritterburg aus dem Regal nehme.

„Hier, mein Kleiner“, sage ich gemütlich und gebe ihm die Verpackung. „Das ist für dich, weil du immer so schon unartig warst!“

Der Junge schließt die Ritterburg in die Arme und beißt sich grinsend auf die Lippe.

„Oooh! Darf ich das wirklich behalten?“

Ich klopfe auf das Kissen unter meinem Mantel und lache weihnachtsmännisch: „Hohoho – hör mal, Junge, ich bin der Weihnachtsmann, ich verschenke

Sachen. Haben deine Eltern denn nie von mir erzählt?"
„Doch ...", nuschelt der Junge, „aber ich dachte, dich gibt's gar nich!"
„Ja, immer schön kritisch bleiben!", lobe ich den Jungen und wuschle ihm grinsend durch die Haare. „Na, wie sagt man da?"
„Siuuuu!", sagt der Junge, strahlt mich noch einmal an und verschwindet dann mit seinem Geschenk zwischen den Regalen.
„Äh ... was?"
Plötzlich baut sich ein kleines Mädchen, vor mir auf und reckt trotzig das Kinn nach vorne. „Krich ich auch was?"
„Klar!", sage ich und deute mit ausladender Geste auf die vielen, langen Regale des Kaufhauses. „Was hättste denn gern?"
Das Mädchen schiebt die untere Zahnreihe über ihre Oberlippe und überlegt.
„Ehm ... 'ne Pistole!"
„Na, na", grummel ich und schüttle den Zeigefinger. „Zu Weihnachten gibt's aber kein Kriegsgerät!"
„Ich wollt ja auch keine Kampfdrohne, sondern nur 'ne Pistole", antwortet das Mädchen schnippisch.
Ich streiche mir nachdenklich über den Bart. „Hm. Na gut. Aber nicht auf Menschen zielen. Und auch nicht

auf Tiere!“ Dann gehen wir zusammen zu einem Regal mit Spielzeugpistolen und sie sucht sich eine aus, die ich ihr anschließend schenke.

„Danke, Weihnachtsmann!“, ruft sie freudestrahlend und haut kurz auf meinen dicken Bauch, bevor auch sie hüpfend zwischen den Regalen verschwindet.

Inzwischen hat sich eine kleine Gruppe von Kindern um mich herum gesammelt, die jetzt anfangen, mir ihre Wünsche zuzurufen. Gut gelaunt gehe ich mit ihnen von Regal zu Regal und gebe ihnen, was sie haben wollen. Immer mehr Kinder springen in der Spielzeugabteilung herum, zupfen mir am Mantel, deuten auf Spielzeug, führen mich an der Hand zu ihrem Wunschregal, rennen begeistert mit ihren Geschenken umher oder packen diese noch an Ort und Stelle aus und beginnen damit zu spielen. Es ist so schön, dass ich mir eine Träne aus dem Auge wischen muss.

„Was glauben Sie, was Sie da machen?“, giftet mich mit einem Mal eine Stimme von der Seite an. Sie gehört zu einem Mann, der ein Schild mit der Aufschrift „Herr Knecht, Fillialleiter“ an der Brust trägt.

„Hohoho!“, sage ich. „Na, warst du auch immer schön artig?“

Der Mann versucht nach meinem Bart zu greifen. Ich patsche seine Hand weg und hebe drohend die Rute.

„Hör mal, du weißt wohl nicht, wer ich bin!"
„Ich weiß auf jeden Fall, dass Sie in Schwierigkeiten sind!", faucht der Mann und dreht sich dann zu den zwei Mitarbeiterinnen um, die ihm gefolgt waren, nun aber mit verzücktem Lächeln auf die spielenden Kinder schauen.
„Frau Bär, rufen Sie die Polizei. Und Frau Fuchs, Sie nehmen den Kindern das Spielzeug wieder ab, bevor die noch mehr auspacken."
Frau Fuchs blickt den Mann entsetzt an. „W … Was? Aber das … das können wir doch nicht machen!", stottert sie.
Der Fillialleiter schaut kurz irritiert, so als hätte Frau Fuchs etwas in einer anderen Sprache gesagt. „Wie bitte?"
Frau Fuchs windet sich unbehaglich: „Na, Sie können doch nicht einem Kind einfach wieder was wegnehmen, was es grade geschenkt bekommen hat. Vom Weihnachtsmann!"
„Ah, sehr artig!" Ich greife ins Regal neben mir und drücke ihr eine Puppe in die Hand. „Bitteschön."
„Oh, äh … danke!", sagt Frau Fuchs erstaunt und lächelt mich an.
„Was … legen Sie das sofort wieder zurück!" Herr Knecht reißt ihr die Puppe weg. „Das wird Konsequen-

zen haben, Frau Fuchs! Jetzt sehen Sie gefälligst zu, dass sich die Eltern der Kinder hierher bewegen, aber ein bisschen plötzlich, wenn Sie Weihnachten nicht auf dem Arbeitsamt verbringen wollen!"

Frau Fuchs nickt ängstlich und macht sich von dannen. Der Fillialleiter dreht sich wieder zu mir. Ich kratze mir grade mit der Rute den Rücken. „Und Sie, Sie bleiben hier, bis die Polizei eingetroffen ist!"

Ich blicke auf einen kleinen Jungen, der in diesem Augenblick mit einer Polizeimütze auf dem Kopf vorbeigelaufen kommt, und grinse. Herr Knecht schnaubt verächtlich und schaut wieder wütend auf die spielenden Kinder. Kurze Zeit später ertönt eine Lautsprecherdurchsage: „Krrk … Äh … wir bitten alle Eltern in die Spielzeugabteilung. – Bitte!"

Herr Knecht verdreht die Augen und schüttelt den Kopf. Eine Weile lang schauen wir weiterhin mit sehr unterschiedlichen Stimmungslagen den Kindern beim Spielen zu, als ein Polizist und eine Polizistin um die Ecke kommen. Kritisch beäugen sie die umhertollenden Kinder.

„Was ist denn hier los?“, fragt die Polizistin.

„Weihnachten“, sage ich.

Herr Knecht schneidet mir mit einer Geste das Wort ab und deutet dann auf mich: „Tz! – Dieser Mann hier hat unbefugterweise Artikel aus unseren Regalen verschenkt.“

„Hm“, sagt der Polizist. „Witzig.“

Der Filialleiter atmet tief durch. „Ich möchte, dass Sie den Mann festnehmen und die Ordnung wiederherstellen!“, insistiert er und deutet dabei auf die spielenden Kinder. Inzwischen haben sich auch einige Eltern eingefunden, die verwirrt die Szenerie betrachten.

„Wie meinen Sie das, die Ordnung wiederherstellen?“, fragt der Polizist erschrocken. „Sie wollen doch nicht etwa, dass wir den Kindern das Spielzeug wieder wegnehmen?“

Die Polizistin macht eine beschwichtigende Geste in Richtung ihres Kollegen und dreht sich zu den umstehenden Eltern. „Hören Sie mal! Wir möchten alle Eltern bitten, ihr Kind zu identifizieren und festzustellen, ob es unbefugterweise über ein Spielzeug verfügt, was ihm dieser Weihnachtsmann geschenkt hat. Es handelt sich dabei um ein Missverständnis und …“

„Missverständnis?“, rufe ich empört. „Wieso Missverständnis? Wenn der Weihnachtsmann etwas verschenkt, dann ist das kein Missverständnis, sondern genau das, was man von ihm erwartet!“

„Es handelt sich hier nicht um den echten Weihnachtsmann!“, fügt die Polizistin hinzu. „Also tragen Sie bitte Sorge dafür, dass die Spielsachen wieder ihrem rechtmäßigen Eigentümer zukommen“

„Was soll das heißen, nicht der ‚richtige‘ Weihnachtsmann?“, ruft ein Vater aus der umstehenden Menge. „Wer ist denn bitteschön der richtige Weihnachtsmann?“

„Guter Punkt!“, ruft eine Mutter. „Ich meine, woher wollen Sie denn wissen, dass das nicht der richtige Weihnachtsmann ist?“

„Der richtige Weihnachtsmann verschenkt sicherlich nichts, was er nicht vorher gekauft hat!“, zischt Herr Knecht erzürnt. Ein Murmeln geht durch die Menge. Dann hört man ein lautes Schreien, als dem kleinen schnippischen Mädchen von seiner Mutter die Pistole entrissen wird. „Aber das hat mir der Weihnachtsmann geschenkt!“, ruft es verzweifelt und springt an seiner Mutter hoch.

Unter den Kindern und Eltern macht sich Unruhe breit. Hier und da hört man, wie einige Kinder anfangen zu weinen, als ihre Eltern auf sie einreden, um ihnen klarzumachen, dass sie ihr Spielzeug wieder abgeben sollen, dass es den Weihnachtsmann gar nicht gibt oder ähnlich Erschütterndes. Innerhalb weniger Sekunden hat sich die Spielzeugabteilung in die Hölle verwandelt: Überall stehen schreiende und schniefende Kinder, die verzweifelt vor sich hin brüllen, Mütter zerren mit ihren Kindern an Spielzeug und Väter tragen um sich schlagende Bündel aus der Abteilung.
„Ist es das, was Sie wollten?“, fragt mich der Herr Knecht.
„Nein“, sage ich. „Das ist das, was Sie wollten. Ich habe den Kindern die Geschichte vom Weihnachtsmann erzählt. Sie erzählen ihnen gerade die Geschichte vom Privateigentum. Sie können sich ja überlegen, was sich besser zum Einschlafen eignet. Und jetzt … Herr Polizist, nehmen Sie doch bitte vor den Augen aller Kinder den Weihnachtsmann fest, nur weil der ihnen etwas geschenkt hat.“
Der Polizist seufzt. „Manchmal hasse ich meinen Job.“
„Ich auch“, sage ich. „Ich auch …“

Frank Sorge

Das Modernisieren der Mythen

„Papa, gibt es den Weihnachtsmann wirklich?"
Jedes Alter hat seine Herausforderungen, für die Eltern, die Erklärungsnot steigt dabei jährlich an. Jahrelang hatte es gereicht, der einzig wirklich wichtigen Frage „Papa, gibt es was zu essen?" ein beruhigendes „Ja, hier!" entgegenzureichen, aber die Schulanfänger haben neue Fragen entwickelt.
Ich schaue meiner Tochter in die Augen, bevor ich antworte. Denn dort steht die Antwort schon, und ja, ich bin nur ein prekärer Weddinger Schriftsteller mit abgebrochenen Studiengängen, aber mindestens so viel Philosoph, dass es für das Fernsehen reichen würde, wenn ich nur genug Haare hätte, und diese schön. Jedenfalls weiß ich, dass schon die Frage allein den Zweifel markiert, in dem bereits die Antwort liegt. Außerdem bin ich ein Freund der Menschen, seit ich aus meiner Heimat XP12 im Sternbild des Schwans entführt wurde, um als Neuköllner Schulkind getarnt bis zu meinem späteren Abflug das Leben auf diesem Planeten zu studieren. Eine der Redensarten dort besagt, dass eine Antwort nur mit der Frage gemeinsam korrekt sein kann. Es gibt

keine Antwort ohne Frage, und eine der weisen Amöben meines Volkes gab die moralische Weisung aus, daher anderen vernunftbegabten Wesen nur Antworten zu geben, die auch deren Fragen entsprechen.
Würde ich mich an die irdischen Denker halten, würde die Sache aber schiefgehen. Ich müsste dann zurückfragen: „Da muss man erstmal überlegen, was es überhaupt heißt, dass es etwas gibt. Gibt es den Weihnachtsmann nur, wenn ein Mann mit Bart in einem Schlitten über den Himmel fliegt und dabei auf einem Radarschirm auftaucht, oder gibt es ihn schon allein, weil es ihn in der Vorstellung gibt? Ganz klar gibt es ja Dinge, die wir uns nur vorstellen können. Wenn ich an die Liebe kein Messgerät hängen kann, löst sie sich nicht in Luft auf, nur als Beispiel. Ich müsste also sagen, es gibt ihn als Vorstellung, es gibt ihn aus Tradition, wegen Coca-Cola, oder weil es den Kapitalismus gibt.

Rundherum von anderen Eltern der Mitschüler, und von Verwandten höre ich vom Hadern, alles rund um den Weihnachtsmann zu erklären, bis zur Entzauberung. Das einzige aber, was hilft, ist gnadenlose Modernisierung. „Was sind das alles für Pakete, die täglich kommen?“

„Die kommen vom Weihnachtsmann."
„Nicht mit dem Schlitten?"
„Nein, das war früher mal, jetzt gibt es viel zu viele Kinder überall, das ist ein kompliziertes Unternehmen, alle zu versorgen, da braucht es auch die Paketboten."
„Aber ich hab meinen Wunschzettel noch gar nicht rausgelegt."
„Aber ich hab ein Foto mit dem Handy gemacht und per WhatsApp an den Weihnachtsmann weitergeschickt, keine Sorge."
„Gibt es keine Weihnachtsfrau?"
„Doch, klar, überall, sonst wäre das ja weltweit nicht mehr zu schaffen. Die haben auch Christkinder, die später das Geschäft übernehmen. Ist nur schwer zu erkennen, weil auch die Weihnachtsfrauen Bärte tragen."
„Und was ist mit Engeln?"
„Engel? Nee, die braucht der für nichts. Die waren bei der Ursprungsgeschichte dabei, aber wollten nichts ausliefern. Vor allem wegen der Arbeitsbedingungen, deshalb gucken die Paketboten auch manchmal so grimmig, das ist alles ganz schön anstrengend. Jedenfalls nur dumm rumstehen und nichts helfen, das gefällt keinem Weihnachtsmann. Deshalb keine Engel."

„Fliegt der denn nicht mit dem Schlitten?“
„Nee, ganz normales Flugzeug, ist sonst viel zu gefährlich. Aber manche nehmen auch den Zug oder jetzt ein Elektroauto.“
„Aber warum macht er das denn eigentlich, das mit den Geschenken?“
„Ach so, na, stellt es euch wie ein gemeinsames Spiel vor, was er halt mal vorgeschlagen hat. Sich was schenken, weil man sich liebhat, sich was wünschen, weil man in die Zukunft blicken will, das Konzept hat sich gut durchgesetzt. Alle hatten Spaß, na ja, und dann ging das so weiter.“
„Aber du hast doch gesagt, du gehst Geschenke kaufen.“
„Natürlich, da hatte mich der Weihnachtsmann drum gebeten, per Email. Aber auch wenn er selbst was besorgt, geht das natürlich über unser Konto. Er macht einfach einen guten Service, aber deswegen sagen wir ja auch manchmal, dass der Wunsch zu teuer ist.“
Das alles erzähle ich meiner Tochter natürlich nicht, wie käme ich dazu? Ich kann doch nicht ehrlich gegenüber dem Finanzamt sein und dann meine Tochter anlügen. Also antworte ich, ihrer Frage gemäß, und erzähle, wie das alles ist mit den Sternen in dieser Galaxie, wo überall jemand wohnt und wie ich herge-

kommen bin, und dass das neue Weltraumteleskop vielleicht sogar dort hinschauen kann, und wie schön doch aber auch diese Welt sein kann, wenn sich Menschen gemeinsam freuen, beschenken, und essen, bis sie platzen. Es gibt zwar keinen Weihnachtsmann, aber es gibt Weihnachten. Menschen feiern schon sehr lange alles Mögliche, keine Ahnung, ob die Archäologie da eine spannende Antwort hat, wann das eigentlich losging, aber sie wollen halt gelegentlich das Leben feiern, so lange man es noch hat – vor allem dann, wenn es schwer ist, es draußen arschkalt ist, oder eine Pandemie herrscht. Die einen Erwachsenen machen sich hoffnungsvolle Gedanken, die anderen trinken so viel Punsch, bis sie in einen ähnlichen Zustand ohne Worte kommen, und weil wir euch Kinder so lieben, überschütten wir euch bei Gelegenheit mit allem, was wir uns gerade noch leisten können.
Sie nickt wissend, sie ist ein schlaues Kind. Kein Wunder, einfach eine Tatsache.

Susanne M. Riedel

Last Christmas?

21. Dezember, eine fahle Sonne schickt sich an unterzugehen. „Kann man Vitamin D eigentlich rauchen?", murmele ich vor mich hin.
„Bestimmt", sagt mein Sohn im Vorbeigehen. „Bon gefällig?"
Er spielt auf unser gestriges Gespräch an, da war es um die Schlagzeile „Bon-Pflicht jetzt auch beim Bäcker" gegangen, er hatte da wohl ganz seltsame Bilder im Kopf, bis ich ihm erklärt hatte, dass mit „Bon" hier ein Kassenzettel gemeint ist. So ändern sich die Themen.
Egal, der kürzeste Tag des Jahres ist gleich gewuppt, nur noch die Feiertage überstehen, dann kann es langsam wieder aufwärts gehen.
Feiertage – da war doch was? Mein Unterbewusstsein sendet einen fiesen Alarmton. Stimmt, das war ja heute! Ich habe völlig die Zeit vergessen, nun muss ich mich wirklich sputen:
Im Pflegeheim meines Vaters ist heute Weihnachtsfeier. Die Angehörigen der Bewohnerinnen und Bewohner sind mit eingeladen. Ich bin heute das „+1" auf der Liste.

Ich ziehe mich in Windeseile um, nehme die Beine in die Hand und schaffe es gerade noch rechtzeitig, mein Vater winkt mir schon von Weitem zu. Neben ihm ist noch ein Platz für mich frei, wir sitzen mit vier Bewohnerinnen aus seiner Etage zusammen am Tisch im großen Festsaal. Ich will mich vorstellen, komme aber nicht so recht gegen die lautstarke Unterhaltung an. Alle hören sehr schlecht, reden sehr laut, und die Hälfte ist dement, die Dialoge sind entsprechend unterhaltsam:
„Mir hat man ja heute die Schuhe geklaut!"
„Was hat er gesagt?"
„Die Schuhe! Geklaut!"
„Ja, viel zu laut."
„Aber du hast doch gesagt, die Schuhe sind wieder da!"
„Wer ist da?" Und so weiter.
Zur Einstimmung läuft heitere Weihnachtsmusik vom Band, gerade erklingen die ersten Takte von „Last Christmas". Ich schaue mich um im Raum, das Durchschnittsalter liegt schätzungsweise bei 87. Ja, das mit dem „Last Christmas" könnte für einige durchaus hinhauen.
Zur Eröffnung der Veranstaltung wird die Musik ausgemacht, Schwester Heidrun greift das Mikrofon und

begrüßt alle Anwesenden. Sie spricht dabei extrem langsam und betont jedes einzelne Wort. „Liebe … Bewohner, … ich … begrüße … Sie … zu … unserer …“ – 16:03 Uhr, in mir steigen erste Gähner auf – „diesjährigen …“

„Die redet ja mit uns wie mit Behinderten!“, ruft eine ältere Frau im Rollstuhl. Ich muss losprusten, tue dann aber schnell so, als hätte ich mich verschluckt, und gebe ihr nur in Gedanken ein High Five.

„… Weihnachtsfeier“, sagt Schwester Heidrun. 16:05 Uhr.

Nach der Begrüßung kommt ein Liedermacher auf die Bühne. Den kenne ich schon von anderen Veranstaltungen. Heute werden natürlich Weihnachtslieder gesungen.

Vor den Fenstern sieht man den rosa-blauen Abendhimmel, Meisen zwitschern, es ist sehr mild. Wir singen „Leise rieselt der Schnee“. Zehn nach vier, und ich bin offiziell deprimiert.

Wir hangeln uns weiter durch die ganze Palette deutscher Weihnachtslieder, dann gibt es Kaffee und Kuchen.

Der Kaffee ist koffeinfrei, der Kuchen Diätkuchen. Mein Vater plündert den bunten Teller, ich bringe den Strohstern in Sicherheit.

Es ist sehr still. Ich versuche, ein Gespräch über Mandarinen und den Duft von Weihnachten in Gang zu bringen.
„Was hat sie gesagt?“
„Mandarinen! Dass die so gut riechen!“ Beide zucken ratlos die Schultern.
„Wie war es denn in Ihrer Kindheit, wenn Sie Weihnachten gefeiert haben?“, nehme ich noch einen Anlauf. „Kindheit? So was hatten wir nicht.“

Ich bin froh, als der Liedermacher wieder ans Mikro tritt, so weit ist es jetzt schon. Doch singt er gar nicht: Um die Stimmung etwas aufzulockern, hat er von Schwester Heidrun ein paar Quizfragen in die Hand gedrückt bekommen, die er nun vorliest.
Was politische Korrektheit angeht, sind wir schlagartig auf dem Stand von circa 1957 ange-

kommen. Zuerst werden Süßwaren geraten: „Körperteil von dem, der seine Schuldigkeit getan hat?"
„Mohrenkopf." Dann geht es um Märchen: „Dürres Holz täuscht entmenschte Rentnerin?"
„Hänsel und Gretel."
„Besitzgier einer emanzipierten Frau zerstört zwei Menschenleben?"
„Der Fischer und seine Frau." Ich glaube, unter „Frauenbewegung" wird hier noch „Polonaise" verstanden. Munter wird mitgeraten, dann Gott sei Dank wieder gesungen.
Frau Kawulke wünscht sich nun „Süßer die Glocken". „Ihr Kinderlein kommet" war ihr zu modern, sie sei mehr so die Romantikerin, sagt sie, und wirft meinem Vater einen glühenden Blick zu. Der prostet ihr mit dem Glühwein zu, der gerade verteilt wurde, sich aber schnell als kalte Himbeerbrause mit Mandarinenstückchen herausstellt.
Der Musiker spielt jetzt „Es gibt kein Bier auf Hawaii" und hat auch langsam einen irren Glanz in den Augen. Und bei „Trink, trink, Brüderlein, trink" werde ich rechts und links zum Schunkeln eingehakt. In mir drin ruft es leise Hilfe.
Ich betrachte die Szene für einen Moment von oben, dann lasse ich meine Widerstände fahren und höre

mich kurz darauf zusammen mit einem Haufen Hochbetagter „Du kannst nicht immer 17 sein“ singen. Der Saal tobt.

Sie hatten vielleicht keine Kindheit, aber das Alter wissen sie zu nehmen. Die Ehrenamtlichen schenken Brause nach.

„Das richtige Zeug gehen wir nachher wieder bei ihr auf’m Zimmer trinken“, raunt mein Vater mir zu und deutet auf Frau Kawulke.

Als das Abschiedslied erklingt, bin ich mit dem ganzen Tisch per du. „Per du“ und „perdu“ liegen ja manchmal auch nah beieinander. Dann ist die Veranstaltung vorbei.

Mein Vater und die Frauen der Tafelrunde verabschieden sich mit einem kurzen Klopfen auf den Holztisch, dann sind sie mit Rolli, Scooter und Rollator im Fahrstuhl Richtung Wohnbereich 7 verschwunden. „Papa was a Rolling Stone“, kommt mir in den Sinn.

Brausetrunken laufe ich durch den kühlen Abend nach Hause. Gestern hatte mich eine Freundin gefragt, was ich Silvester mache. Vielleicht frage ich meinen Vater mal, ob er schon was vorhat.

Sebastian Lehmann

Die schlimmsten Feste Platz 2: Weihnachten

Die Weihnachtszeit macht mich immer ein wenig traurig. Irgendwie ist es doch eher ein melancholisches Fest, von wegen „Yeah! Jesus ist auferstanden“ – ach nee, das war das Ding im Frühjahr. Als kleines Kind fand ich das übrigens immer total seltsam: Jesus wird am 24. Dezember geboren und nur vier Monate später am Karfreitag stirbt er schon wieder. Das schien mir eine recht kurze Zeit für seine ganzen Wunder.

Als Kind versucht man sich ja viele Sachen, die man noch nicht versteht, mit einer ganz eigenen Logik zu erklären. Ich dachte zum Beispiel, dass der Pfarrer unserer Kirchengemeinde in der Nacht vor Ostern die Eier in unserem Garten versteckte. Ein Hase, der Schokoeier verteilt, das schien mir als Vierjähriger doch eher unglaubwürdig.

Ich habe natürlich auch nie an den Weihnachtsmann geglaubt. Ein alter bärtiger Mann mit rotem Gewand – so ein Blödsinn! Ich glaubte an das Christkind. Das flog nachts in einem weißen Gewand durchs Wohn-

zimmerfenster und drapierte die Geschenke unter den Weihnachtsbaum.
Kinderlogik. Irgendwann ist das vorbei. Dann weiß man, dass nicht das Christkind die Playmobilautos und Geldumschläge bringt. Und dass nicht Bill Gates per Impfung Chips in die Köpfe aller Menschen verpflanzt oder der freie Markt die Klimakrise besiegt.
Oder vielleicht auch nicht. Sad.
Weihnachten ist ein trauriges Fest. Es fängt schon bei den Adventskalendern an. Die Schokolade darin schmeckt wie mit Sägespäne versetztes Schokopulver, gepresst in obskure Formen, die an die Figuren vom Bleigießen an Silvester erinnern.
„Ist das der Weihnachtsmann oder doch eher Harvey Weinstein?"
Am schlimmsten sind aber die Kalender ohne Schokolade, hinter den Türen nur kleine Bildchen. Kann man sich etwas Frustrierenderes für ein fünfjähriges Kind vorstellen?
„Schau mal, ein Bild von einem Tannenbaum mit Schnee auf den Zweigen."
Was denken Eltern, die ihren Kindern diese Kalender schenken?
„Ein hauchdünnes Stück Billig-Schokolade einmal am Tag – das ist mir mein Kind nicht wert."

Wahrscheinlich sind das die gleichen Eltern, die ihren Kindern auch kalten Kamillentee geben – und dann sagen: „Lecker, gesunde Spezi!"
Außerdem verändert sich das Interesse an Weihnachten innerhalb der Familie über die Jahre. Je älter die Kinder werden, desto anstrengender finden sie die Weihnachtsrituale.
Die Eltern rufen: „Das Christkind hat die Geschenke gebracht."
Ein 16-Jähriger schaut da kaum noch von seinem Handy auf, mit dem er gerade heimlich aufgenommene Penisbilder von seinem Vater an Klassenkameradinnen verschickt.
Ab einem gewissen Alter der Kinder feiert man dann für die Eltern Weihnachten. Damit sie sich wenigstens einmal im Jahr daran erinnern können, wie schön das war, als sie noch nicht jedes Wochenende die eigene Brut mit einer Alkoholvergiftung von der Notaufnahme abholen mussten.
Im Zentrum des Weihnachtsfestes steht allerdings etwas Hoffnungsvolles: der Baum. Man stellt sich einen nach Wald duftenden Tannenbaum ins Wohnzimmer, schmückt ihn mit echten Bienenwachskerzen und selbstgebastelten Strohsternen – bis nach ein paar Tagen alle Nadeln abgefallen sind. Dann wirft man

den Baum aus dem Fenster auf die Straße, wo dieser dann vor sich hin trocknet, angepinkelt von Hunden und betrunkenen 16-Jährigen.

Bäume zu fällen, am besten eine schön große Nordmanntanne – der SUV unter den Weihnachtsbäumen –, um sie ein paar Tage später schon wieder zu entsorgen, wirkt irgendwie aus der Klimakatastrophen-Zeit gefallen. Aber seit Neustem kann man sich Christbäume auch ausleihen. Im Topf. Vegan und glutenfrei. Vielleicht könnte man das Konzept auch für kleine Kinder übernehmen und sich ein paar begeisterungsfähige Weihnachtskinder leihen? Ist einfach schöner, wenn man jemanden dabeihat, der sich noch über gepresste Schokospäne und die Helene-Fischer-Show freut.

Doch ganz ohne Weihnachtsfeierlichkeiten wäre das Jahresende noch trauriger. Ich würde die Stille an Heiligabend vermissen, das leckere Essen und Sissi. Und die Darts-WM im Fernsehen. Ein Sport, den sonst niemand angucken würde, käme er nicht zwischen den Jahren im Fernsehen. Ich würde die schlechten Witze meines Vaters vermissen, der an Heiligabend allen „Frohe Ostern" wünscht.

Und natürlich würde ich meine schöne Traurigkeit vermissen.

Außerdem ist Silvester eh noch viel schlimmer.

Kersten Flenter

Existenzielle Fragen weihnachtlicher Nahrungsaufnahme

„Dann kann ich ja auch gleich ins Altenheim“, mault Oma.
Vater sieht Mutter an, Mutter sieht das Kind an. „Wie meinst du denn das?“, will der Vater wissen. „Dann könnt ihr mich ja auch gleich abschieben. Wenn ich zu nichts mehr nütze bin! Wenn ihr nicht mal mehr meinen Braten esst!“ – „Mutter, das hat doch nichts mit dir zu tun“, beschwichtigt die Mutter ihre Schwiegermutter. „Wir essen doch nur kein Fleisch mehr“, sagt das Kind. „Aber das ist doch Geflügel“, sagt Oma. Mutter seufzt. Vater sieht das Kind an. „Deine Gans kommt aus einer polnischen Mastfarm, Mutter“, versucht der Vater einen Anlauf, „die hat ihr kurzes Leben lang Qualen gelitten, nur um hier auf den Tisch zu kommen. Wir unterstützen das nicht mehr.“ – „Aber jetzt ist sie doch eh tot“, protestiert Oma, „und früher waren wir froh, wenn überhaupt Fleisch auf den Tisch kam. Der Braten gehört zu Weihnachten, das ist Tradition.“ – „Tradition ist scheiße“, sagt das Kind, das

gerade jugendlich wird, „Tradition ist Nazischeiß!" – „Wir essen doch die Kartoffeln und den Rotkohl", sagt die Mutter. „Ist da Schmalz drin?", fragt das Kind angewidert. „Dann kann ich ja gleich ins Heim", sagt Oma. „Passt auf", sagt Mutter, „nächstes Jahr können wir doch einen Wildbraten essen. Wild essen ist okay. Das hat vor dem Abschuss frei gelebt und ist schnell gestorben. Und es wird nur deswegen getötet, um den Bestand zu regulieren. Und es steht nicht auf der Weide, wofür Wälder gerodet werden. Und es wird nicht mit Soja aus großen Plantagen gefüttert, die den Regenwald zerstören." – „Essen wir dann also wieder Fleisch?", wundert sich das Kind. „Einmal im Jahr. An Weihnachten. Damit Oma zufrieden ist", sagt der Vater. „Das ist inkonsequent", findet das Kind. „Wenn du mal groß bist", mahnt der Vater, „wirst du begreifen, dass man auch Kompromisse eingehen muss, wenn man etwas erreichen will!" – „Ich wusste gar nicht, dass du in der SPD bist", wundert sich Mutter. „Ich mag kein Wild", sagt Oma, „da geh ich lieber ins Heim." – „Ja, dann geh doch", mault der Vater genervt. Oma weint. „Aber es ist doch das Fest der Liebe", jammert Oma. „Liebe am Arsch", sagt das Kind, „die Gans hat auch keine Liebe bekommen." – „Bravo, mein Sohn", sagt der Vater. „Gut argumentiert", pflichtet Mutter bei. „Du hättest ja wenigstens eine Bio-Gans kaufen können, uns zu Liebe“, meckert der Vater jetzt, „ich hab sonst ja immer gern Gans gegessen.“ – „Wieso denn Bio-Gans? Gibt es auch Plastik-Gänse?“, will Oma wissen, „die Bio-Gänse sind doch dreimal so teuer. So dicke hab ich es nicht. Ich krieg nur eine kleine Rente.“ – „Ich hab dir schon zigmal gesagt, dass wir uns um das ganze Essen kümmern können“, beschwichtigt der Vater, „den Nachtisch bringen wir doch auch immer mit.“ – „Was gibt es denn zum Nachtisch?“, fragt das Kind. „Verschiedene Bakhlawa“, sagt Mutter, „nach einem Rezept meiner türkischen Freundin.“ –

„Dann kann ich ja gleich ins Heim", sagt Oma. „So viel Zucker ist auch scheiße!", findet das Kind. „Leute", sagt der Vater, „es ist doch das Fest der Liebe! Ich werde jetzt mal den Baum anzünden." – „Zünd lieber nur die Kerzen an!", rät das Kind. „Wir haben ja dieses Jahr keinen Baum mehr", sagt die Mutter zur Oma, „wir unterstützen die kapitalistische Tannenbaum-Massenproduktion nicht mehr. Und du bräuchtest doch eigentlich auch keinen mehr, Mutter. Für die drei Tage im Jahr ..." – „Was denn noch", schimpft Oma, „keinen Braten mehr, keinen Tannenbaum ..." – „Da kannst du auch gleich ins Heim", sagt das Kind.

Oma erhebt sich. „So schnell muss es auch nicht sein", sagt der Vater, „wir essen doch noch." – „Schön wär's gewesen", sagt Oma und nimmt die Platte mit dem Gänsebraten. „Wo willst du denn hin? Also, wegschmeißen ist jetzt aber auch zu schade", sagt die Mutter, „nun ist ja schon einmal im Ofen gewesen." – „Genau", sagt Oma, „und deswegen geh ich jetzt damit rüber zu meinem Freund. Der weiß einen guten Braten zu schätzen." Die Tür fällt hinter ihr ins Schloss.

„Essen wir jetzt nächstes Jahr Weihnachten bei uns zu Hause?", fragt das Kind.

„Aber ohne den Rotkohl", sagt der Vater, „den mochte ich noch nie."

Heiko Werning

Das Heiligabendprogramm

Weihnachten stellte meine Mutter alljährlich auf eine harte Probe. Vor allem der Heiligabend hatte es in sich. Denn einerseits sollte hier etwas angemessen Festliches auf den Tisch, andererseits durfte es nicht zu viel Arbeit und erst recht keinen Dreck machen, schließlich war das Programm prall gefüllt, und selbstverständlich musste die Küche auch am Festtag strahlend sauber sein, selbst wenn niemand sie mehr betreten würde. Und der entscheidende Unsicherheitsfaktor beim Einhalten des Stundenplans war Pfarrer Brüggemann. Das katholische Hochamt. Das dauerte gern mal anderthalb Stunden, und wenn Pfarrer Brüggemann sich in Rage predigte auch länger. Vor allem gegen Ende seiner Amts- wie Lebenszeit neigte er zu endlosen Ausführungen, die selbst für die hartgesottensten Katholiken eine schwere Prüfung bedeuteten. Die einen meinten, der Achtzigjährige spürte wohl, dass ihm nicht mehr viel Zeit blieb, auf seine Schäfchen einzuwirken, und dass er eben noch eine Menge mitzuteilen hätte, jedes Jahr ein bisschen mehr. Die anderen glaubten, es sei einfach die Senilität, die ihren

Tribut forderte, er habe halt allmählich den Bezug zu Zeit und Zuhörern verloren, schließlich würden seine Reden auch immer wirrer. Wobei ich sicher war, dass das niemand beurteilen konnte, denn keiner der Anwesenden im berstend vollen Kirchenschiff machte den Eindruck, als würde er Brüggemanns Ausführungen auch nur länger als fünf Minuten folgen. Alle waren im Geiste längst bei der Bescherung, bei den Dingen, die für das Essen noch zu erledigen waren, vielleicht auch einfach nur im Bett mit der alten Leidenschaft. Denn hier tauchten sie alle wieder auf, einmal im Jahr trafen sie alle zusammen. Zwei Bänke vor einem: der erste Kindergartenschwarm; vier Bänke davor: das erste Fummeln; auf der anderen Seite des Kirchenschiffs: das erste Verlassenwerden. Hier war alles auf engstem Raum, der Schmerz, das überwunden Geglaubte, das, wovor so viele in die Großstädte geflüchtet waren, ins Ruhrgebiet, nach Hamburg, Köln oder Berlin. Aber es half nichts, Weihnachten kamen sie wieder heim, heim in die westfälische Vorstadt, und alle saßen sie wieder da, die Zeitzeugen dieser Urwelt, die viele schon endgültig hinter sich gelassen glaubten – dabei waren sie nie wirklich weiter nach vorne gekommen als eben zwei Bankreihen im Heiligabendhochamt von Pfarrer Brüggemann. Schau

an, Sabine hat jetzt also zwei Kinder. Und das daneben ist wohl ihr Mann. Und während Pfarrer Brüggemann gerade eine gewagte Volte schlug von der Verdarbtheit der Mediengesellschaft zu irgendeinem Apostel, sah man sich mit Sabine in der Tenne von Bauer Leusing und spürte, wie das Heu in die nackten Schultern piekste. Und jetzt saß Sabine also im weihnachtlich schlichten, aber eleganten Festkleid, ihr Mann im dezenten Anzug, die Kleinen mit niedlichem Krempel in den Haaren, und Sabines Lippen, genau jene Lippen, die für ein paar Wochen mal die Welt bedeutet hatten, schürzten sich jetzt zu einem „Pssst!" zusammen, gerichtet an die kleine Tochter, die vor dem Paradies der Bescherung, vor den neuen Playmobilburgen und Playstationspielen, das Fegefeuer in Gestalt von Pfarrer Brüggemann durchstehen musste.
Um auf die beiden Thesen der Gemeinde bezüglich Pfarrer Brüggemanns sich jährlich steigernden Predigtexzessen zurückzukommen: Ich bin überzeugt, es war blanke Bösartigkeit. Ich kannte den alten Mann, ich hatte Jahre unter ihm als Messdiener gewirkt und früh seine wachsende Verbitterung registriert, vor allem über den Einbruch der Publikumszahlen bei den Sonntagsgottesdiensten. Die Frühmessen unter der Woche hatte er aufgegeben, die waren längst eine Art seelsor-

gerisches Ritual für vereinsamte Witwen und von ihren Männern verlassene alleinstehende Frauen der Gemeinde – aber nicht die Sonntagsmesse, deren Niedergang konnte er nicht verkraften. Zu Beginn meiner kurzen klerikalen Laufbahn war sie noch gut gefüllt, und es muss Brüggemann in besonderem Maße getroffen haben, dass es ausgerechnet in seiner Dienstzeit unaufhaltsam immer weniger Gläubige wurden, die ihren Weg dorthin fanden, sie rannen ihm zwischen den zunehmend zittrigen Fingern hindurch. Er hatte alles versucht: Themengottesdienste mit aktuellen Bezügen, Gastpfarrer aus der Dritten Welt, um wenigstens die Eine-Welt-Aktivisten zu binden, schließlich in blanker Verzweiflung selbst gemachte Fotokalender aus der Gemeinde im Foyer und – ein Pakt mit dem Teufel – ganz am Ende sogar statt Orgelmusik eine Jungchristenband mit Gitarren und … Schlagzeug! Alles vergebens. Die Alten, die noch kamen, reagierten eher verschreckt, sofern sie die Veränderungen noch wahrnahmen, die Jüngeren kamen trotzdem nicht. Nur einmal im Jahr, am Heiligabend, da strömten sie in seine Kirche, da reichten die Sitzplätze bei Weitem nicht aus, da kamen sie schon eine Dreiviertelstunde vorher, um überhaupt einen Platz zu kriegen, und hinten standen sie dicht gedrängt in Reihen, eng an eng.

Das war sein Abend, da kriegte er sie alle. Einige Jahre übte er sich in offener Publikumsbeschimpfung: Es reiche nicht aus für ein Leben mit Gott, donnerte er vom Altar, nur einmal im Jahr in die Kirche zu kommen, das würde unsere Seelen nicht retten, und außerdem sei das hier keine Folkloreveranstaltung.
Da irrte er allerdings, denn genau das war es lange schon, weshalb seine unverblümt aggressiven Ausfälle auch niemand dazu bewegen konnten, in den folgenden zwölf Monaten auch nur einen weiteren Schritt in die Gemeindekirche zu setzen, das Gepöbel des Oberhirten wurde rasch Teil des Rituals, eine Nummer auf der Setlist des Abends, etwas immerhin, worüber man hinterher auf dem Kirchplatz beim kurzen Gespräch mit den anderen noch schnell ein bisschen plaudern konnte – „das wird aber auch immer schlimmer mit ihm vom Jahr zu Jahr“. Und am nächsten Heiligabend, da waren sie alle wieder da und hingen ihren Erinnerungen nach, für die Brüggemann die Kulisse bot. Schließlich resignierte der alte Mann, alle Modernismen flogen aus seinen Gottesdiensten wieder raus, jetzt ging es nur noch um die reine Lehre. Er äußerte sich auch nicht mehr zu den von ihm verachteten Heiligabend-Besuchern, er rächte sich auf seine Weise und predigte und predigte und predigte, in halbmelodi-

schem Singsang, von Höcksken auf Stöcksken, von Lukas auf Matthäus, mal die Arme ausstreckend, als wäre er selbst ans Kreuz geschlagen, mal sie wie um Aufmerksamkeit flehend zusammenführend, und das trotz alldem in einer Monotonie, die ihr Übriges tat. Keines dieser Hochämter verging, ohne dass nicht mindestens zwei bis drei Gemeindemitglieder der Mischung aus einschläfernder Predigt, Weihnachtsstress und Weihrauch nicht gewachsen waren, zusammenklappten und von besorgten Angehörigen vor die Kirchentür geleitet werden mussten, aber Pfarrer Brüggemann predigte unbeeindruckt weiter. Nur ich meinte zu erkennen, dass ein kaum merkliches Lächeln seine Mundwinkel umspielte, wenn er wieder eines seiner Schäfchen zur Strecke gebracht hatte. Und so kamen jedes Jahr ein paar Minuten dazu, bevor der erlösende Schlusssegen erteilt wurde, „gehet hin in Frieden", die Orgel vom wie aufgeschreckt wirkenden Gemeindeorganisten etwas zu plötzlich und etwas zu laut zum ultimativen Stille Nacht losdonnerte und ein kollektiver Seufzer der Erleichterung durch das Kirchenschiff schwappte. Und immerhin, auf diese Weise hatte Pfarrer Brüggemann wohl selbst die hartnäckigsten Religionsverweigerer und Weihnachtstradtionskirchgänger geknackt, die während dieser Predigt vermutlich das

erste und einzige Mal im Kirchenjahr ein Stoßgebet zum Himmel entsandt hatten oder doch jetzt wenigstens ein kurzes, demütiges Dankeschön zum Herr am Kreuz schickten und besonders inbrünstig mitsangen, als es galt, die Ankunft des Jesuskindes zu preisen.
Anschließend stehen alle noch auf dem Kirchplatz herum, man schüttelt Sabine kurz die Hand und lächelt ihren Mann gequält an, ein letzter Gedanke an das Heu und den etwas späteren großen Schmerz in der großen Pause, als sie mit Sven zur Schwimmhalle ging, und wenigstens der ist nicht dabei auf dem Kirchplatz, der hat sich vor drei Jahren von den jährlichen Weihnachtsfestspielen verabschiedet, als der Alkohol und eine altehrwürdige Kopfweide am Venner Moor seinem Opel und ihm ein plötzliches Ende bereitet hatten, passend nach einer betrieblichen Weihnachtsfeier. Alle wünschen sich noch einmal „Frohe Weihnachten", Pfarrer Brüggemann steht mit einem schwer deutbaren Lächeln in der Mitte und schüttelt viele Hände. Seine kurze jährliche Macht hat er schon wieder verloren, die unerbittliche Weihnachtsagenda verlangt nach den Müttern in der Küche.
Die Kinder auf dem Kirchplatz zerren und nerven, für sie ist das Weihnachtsmartyrium noch längst nicht überstanden, denn vor die Bescherung hat die Tradi-

tion das gemeinsame Essen gesetzt. Ich schaue mitleidig auf die aufgeregt und ungeduldig quengelnden Kleinen. Was kümmert einen in dem Alter das doofe Essen, wo doch die Geschenke warten?
Es war eine endlose Prüfung. Meine Mutter experimentierte mit Kurzgebratenem, dann mit Backofengerichten, die während des Hochamtes garten, bis eines schließlich Opfer von Pfarrer Brüggemanns Predigtexzessen wurde, sodass ein Strategiewechsel fällig wurde. Eines Jahres berichteten die Nachbarn schließlich von etwas ganz Neuem, ganz Exquisitem. Es sollte unseren Heiligabend revolutionieren: Ragout Fin. Das Zeug galt als große Delikatesse, meine Mutter betonte stets, wie teuer es war, aber schließlich sei ja Weihnachten, da könne man sich das mal gönnen (außerdem gab es das bei den Westbrinks und Kolkhoffs jetzt auch). Mein Vater protestierte, ausgerechnet am Heiligabend etwas Ausländisches, das passte ihm gar nicht. Das sei französisch, klärte meine Mutter ihn auf, wohl auch, weil er es eher wie ein chinesisches Gericht aussprach – Ra Gu Feng –, und die Franzosen, die verstünden schließlich etwas von gutem Essen. Mein Vater murmelte „Froschfresser!“, gab aber letztlich auf, Weihnachten war die Situation ohnehin explosiv genug, er war klug genug, nicht noch Feuer an die Lunte zu

legen. So kam die Gourmet-Revolution vermeintlich aus dem fernen Frankreich Anfang der Achtziger auf die westfälischen Weihnachtstafeln, in kleinen Blätterteigpastetchen vom Metzger vorgefertigt, musste man nur aufwärmen. Mir schmeckte es ganz gut, außerdem ging es wirklich schnell und hielt nicht weiter auf. Einzig die mitgereichte Worchestersauce sagte mir überhaupt nicht zu, die fand ich eklig. Das wurde aber toleriert, solange man den Fleischschmand widerspruchslos vertilgte. Die neue Mode breitete sich wie ein Lauffeuer aus in Münster und hielt sich einige Jahre, ehe sie wieder in der Versenkung und das exotische Gericht damit vorläufig aus meinem Gedächtnis verschwand.

Als meine Mutter mich kürzlich anrief und fragte, was wir zu Weihnachten essen sollten, habe ich kurz gezögert. Dann überkam mich eine nostalgisch-morbide Anwandlung und ich schlug vor: „Ach, mach doch mal wieder Ragout Fin, so wie früher. Das ist doch auch so praktisch.“

Sandra Da Vina

Merry Christmas

WEIHNACHTEN, DU HEILIGE ZEIT. Du glühweingetränktes Tischtuch unter den Tellern des Kapitalismus. Du strohgefüttertes, huftierreiches Krippenspiel zur Grippe-Zeit. Du lamettabehangene, geschenkpapierummantelte, lebkuchenduftige Festivität der Sinnesfreuden. Du unerschütterlich glitzerndes Licht am Ende des Jahrestunnels. Du kalendarische Nothaltebucht auf der termin- und deadline-gepflasterten Autobahn des Lebens. Weihnachten, ach, Weihnachten!

Jedes Jahr die gleichen Fragen, die sich einem aufdrängen, wenn man sich dir nähert: Was soll ich der gierigen Verwandtschaft dieses Jahr bloß schenken? Wie viel Iberogast braucht es, um Omas selbstgepantschten Eierlikör wieder aus dem Magen-Darm-Trakt zu kriegen? Was macht die Spekulatiusfabrik eigentlich das restliche Jahr? Und: Warum tun wir uns das immer wieder an, warum feiern wir überhaupt Weihnachten?

Es ist der 23. Dezember, Anreisetag. In unserer Wohnung ereignen sich bereits seit den frühen Morgenstunden tolkiensche Szenen. Wie im Fantasyroman *Der Hobbit* klopfen regelmäßig Gestalten mit mehr oder weniger freundlichen Fingern an unsere Türe und erbitten Einlass. Sie tragen eine Menge Matsch und Aufregung in die Wohnung und lassen sich auch bei näherem Hinsehen nicht mit aller Sicherheit der eigenen Verwandtschaft zuordnen. Später wird sich herausstellen, dass neben der Familie auch zwei vorbeilaufende Passanten, ein überarbeiteter DHL-Paketbote und vier Eichhörnchen so den Weg in unser Wohnzimmer gefunden haben. Mitgerissen vom Besucherstrom haben sie hier die letzten sieben Stunden verbracht und mit großem Interesse einem Gespräch über Tante Ingeborgs letzte Darmspiegelung beigewohnt.

Im Flur riecht es inzwischen nach Tannengrün, Schnaps und totem Tier. Ich folge dem Verwesungsgeruch in die Küche, wo ich meine Mutter finde, wie sie gerade frisch gebackenen Lebkuchen aus dem Ofen zieht. Die Bezeichnung Lebkuchen ist für das Backwerk allerdings wenig zutreffend, denn die kleinen Gebäckziegel, die Mutter gerade mit einiger Gewalt vom Backblech hobelt, haben nichts Lebensbejahendes mehr an sich. Mutters Lebkuchen müsste eigentlich Stirbkuchen heißen.

Mutters Lebkuchen sieht exakt so aus wie etwas, das man jemandem drohend hinhält, wenn man eine

Tankstelle überfallen möchte. „Willst du mal kosten?“, fragt Mutter. Und die Antwort ist ziemlich sicher „Nein“. Ich möchte lieber drei Tage und Nächte in einem Pyjama aus echten Bananenschalen im Paviangehege des Kölner Zoos von der Decke baumeln, als nur einmal vom Stirbkuchen zu naschen.

„Ich glaube, ich wurde gerufen“, sage ich also. Und das ist nicht unwahrscheinlich, denn um die Weihnachtstage herum wird in unserer Wohnung viel gerufen.

„Ich hasse den Weihnachtsmann!“, ruft zum Beispiel mein Neffe Moritz gerade, den man zuvor dabei beobachten konnte, wie er mit großer Neugierde und wachsendem Missmut an allen bereitgelegten Weihnachtsgeschenken rüttelte, um festzustellen, ob eines davon vielleicht miauen konnte. Stattdessen musste Moritz allerdings erkennen, dass einige Pakete besorgniserregend klirren und scheppern. Ohne jetzt den Geschehnissen vorweggreifen zu wollen, sei hier verraten, dass es schon kurz nach den Feiertagen einige aufgeregte Diskussionen mit Media-Markt-Mitarbeiter*innen geben würde, die sich weigerten, mutwillig zerstörte Tablets und Spielekonsolen zurückzunehmen.

Während ich Moritz beruhigend den zornesgeröteten Kopf tätschele, höre ich meine Cousins im Wohnzimmer darüber streiten, wer morgen das Törchen mit der

Nummer 24 im Adventskalender öffnen darf. Ich möchte sie nur ungern jetzt schon darauf hinweisen, dass hinter dem Törchen mit der 24 bereits seit Ende November nichts mehr wohnt, weil ich mit einiger Akribie und der Zuhilfenahme einer gut desinfizierten Nagelschere schon frühzeitig und quasi minimalinvasiv die babyfaustgroße Praline daraus entwendet habe. Ich bin einfach kein besonders geduldiger Mensch.
Auf der Suche nach etwas Ruhe und Frieden folge ich einem schwachen Lichtschein hinab in den Keller, wo ich Opa finde, der verzweifelt versucht, seine in letzter Minute erworbenen Weihnachtsgeschenke einzupacken. Gerade näht er mit gekonntem Kreuzstich eine Schnittwunde in der linken Hand, die er offensichtlich der Küchenschere verdankt. „Ich kann das nicht", sagt Opa. „Ich habe zwei Häuser gebaut und sieben Kinder gezeugt, aber das hier – das geht nicht!"
„Was riecht denn hier so verbrannt?", möchte ich von Opa wissen. Es raucht bedrohlich aus dem Papierkorb. „Hast du etwa das Geschenkpapier angezündet?", frage ich.
„Ja sicher habe ich das Geschenkpapier angezündet", ruft Opa. „Es hat mich provoziert!"
Ich verschwinde mit dem brennenden Mülleimer in Richtung Badezimmer und lösche ihn in der Dusche.

Dabei treffe ich auf Oma, die gerade in der Waschmaschine Schnaps brennt. Eigentlich macht Oma das nicht erst seit gerade, sondern bereits seit Ende September, weshalb hier schon fast drei Monaten nicht mehr gewaschen wurde. „Das wird ein feiner Tropfen“, sagt Oma und klopft zufrieden an die beschlagene Glas-Luke. Später wird der „feine Tropfen“ ein bisschen nach Perwoll und Opas Zehensocken schmecken und keiner wird dazu etwas sagen, weil der „feine Tropfen“ das ist, was unsere ganze Familie die Festtage über zusammenhält.
„Noch zwei, drei Tagesschauen und die nächste Flasche ist fertig!“, erklärt Oma. Oma rechnet alles in Tagesschauen um. Ihr erscheint diese Zeitrechnung deutlich sinnvoller als die üblichen physikalischen Maßeinheiten. „Minuten, Stunden – da hat man ja keinen Bezug zu!“, pflegt Oma immer zu sagen. „Unter der Tagesschau, da kann sich jeder etwas vorstellen!“
Omas Zeitrechnung ist genauso genial wie verwirrend.
„Wo ist denn eigentlich der Opa?“, fragt Oma mich jetzt. „Den habe ich auch schon seit vier Tagesschauen nicht mehr gesehen!“
Just aufs Stichwort kommt Opa mit einer großen Tüte aus dem Keller getaumelt. Er hat die verbundene Hand zur Faust geballt.

„Mir reicht es!“, ruft er. „Ich tue das jetzt alles in Tupperdosen!“ Und damit verschwindet er in Richtung Küche.

Ich möchte mich nicht beschweren. Ich glaube, an Weihnachten drehen alle ein bisschen durch. Da ist mein Vater mit seinem sehr albern blinkenden Weihnachtspullover, wie er mit türklinkenkalten Fingern Christbaumkugeln in den Tannenbaum hängt. Da ist Oma, die versucht, den haustierlosen Moritz mit einem Schnäpschen zu trösten. Da sind meine Cousins, die sich gegenseitig mit Stirbkuchen bewerfen, der Paketbote, der leise weint, weil *Sissi – Schicksalsjahre einer Kaiserin* im Fernsehen läuft. Da ist mein Opa zwischen einem Berg aus gut beschleiften Tupperdosen, meine Mutter mit den Fingern im gekauften Fertiglebkuchen, Tante Lissi mit ihren etwas zu detailreichen Krankheitsgeschichten, meine nahe und entfernte Verwandtschaft mit all ihren neugierigen Fragen, ihren guten Ratschlägen und schlechten Witzchen.

Und auf die Frage „Warum das alles?“ gibt es dann meist ein paar gute Antworten: Wir feiern Weihnachten, weil das der Tag ist, an dem Sat1 *Stirb Langsam* im Fernsehen zeigt. Wann sollten die das sonst machen? Nein, Spaß beiseite. Wir feiern Weihnachten wegen der guten alten Traditionen. An Weihnachten geht es um

das Beisammensein, um feuchte Küsschen und feste Umarmungen, um die Mistelzweige unterm Türbogen, die schrägen Lieder und die geraden Tannen, die warmen Worte und die kalten Tage, die Hoffnungen und Träume, die Ängste und Zweifel.
Es geht um Aufbruch und Heimkehr, um Tradition und Moderne.
Um Streit und Versöhnung, um Menschen und Rouladen.
Und das ist jedes Jahr aufs Neue wieder schrecklich schön und jede Aufregung wert. Wem es dann aber doch mal zu lange dauert, dem sei gesagt: Keine Sorge, in zweihundertachtundachtzig Tagesschauen ist auch schon alles wieder vorbei.

Quellen

Christian Bartel, Weihnachten, © beim Autor
Christian Bartel lebt in Bonn und schreibt für die Zeitung, den Rundfunk und die Bühne.

Hanna Buiting, Pippi Langstrumpf in der Krippe,
aus: Hanna Buiting, Vom Warten, Wundern und Weniger ist mehr. 24mal Vorfreude im Advent, © 2015 Neukirchener Verlagsgesellschaft mbH, Neukirchen-Vluyn, 5. Auflage 2021, S. 32–35.

Sandra Da Vina, Merry Christmas, © bei der Autorin
Sandra Da Vina lebt und schreibt in Essen, ihre Erzählbände erschienen im Lektora Verlag. Mehr auf www.sandradavina.de.

Fritz Eckenga, In Wirklichkeit verkaufe ich Kinder, © beim Autor
Fritz Eckenga lebt und schreibt, wenn er nicht woanders ist, in Dortmund. Letzte Buchveröffentlichung: ‚Eva, Adam, Frau und Mann – da muss Gott wohl nochmal ran', Verlag Antje Kunstmann, München, 2020.

Horst Evers, Die schönsten Weihnachtsmärkte der Welt (Folge 53): Die Weihnachtswurst von Nordenham, aus: Horst Evers, Früher war mehr Weihnachten, © 2017, Rowohlt Verlag GmbH, Hamburg

Kersten Flenter, Existenzielle Fragen weihnachtlicher Nahrungsaufnahme, © beim Autor
Kersten Flenter lebt und schreibt in Hannover, mehr auf www.flenter.de.

Axel Hacke, Die Christbaumkugel,
aus: Axel Hacke, Das kolumnistische Manifest, ©Verlag Antje Kunstmann GmbH, München 2015

Hinark Husen, Bastelzeit, © beim Autor

Kai König, Once upon a Christmas Time, © beim Autor

Monika Lehmann-Etzelmüller, Der Gorilla an der Krippe, © bei der Autorin
Monika Lehmann-Etzelmüller ist Pfarrerin der evangelischen Landeskirche in Baden und lebt in Weinheim.

Sebastian Lehmann, Die schlimmsten Feste – Platz 2: Weihnachten, © beim Autor
Sebastian Lehmann lebt in Berlin, mehr auf www.sebastianlehmann.net.

Juliane Link, Adventssocken, © bei der Autorin

Maik Martschinkowsky, Heute, Kinder, gibt's was, © beim Autor
Maik Martschinkowsky überlebt und schreibt in Berlin, mehr auf www.mkowsky.de.

Susanne M. Riedel, Last Christmas?, © bei der Autorin
Susanne M. Riedel lebt und schreibt in Berlin, mehr auf www.regenrausch.de.

Insa Sanders, November-Adventskalender, © bei der Autorin
Insa Sanders lebt und schreibt in Berlin, mehr gibt es einmal im Monat bei der Lesebühne Rakete 2000.

Andreas Scheffler, Der Weihnachtsmann hat sich erhängt, © beim Autor
Andreas Scheffler lebt und schreibt in dem Brandenburger Dorf Groß Köris und liest bei der Berliner Lesebühne „Der Frühschoppen" (https://fruehschoppen-berlin.de).

Frank Sorge, Das Modernisieren der Mythen, © beim Autor
Frank Sorge lebt in Berlin-Wedding, seine Homepage ist www.frank-sorge.de.

Jan Weiler, Maria, ihm schmeckt's nicht,
Auszug aus: Jan Weiler, Maria, ihm schmeckt's nicht, © 2007 Ullstein Buchverlage GmbH, Berlin

Heiko Werning, Das Heiligabendprogramm, © beim Autor
Heiko Werning, geboren und aufgewachsen in Münster, lebt im Berliner Wedding, schreibt für taz, Titanic und ist Mitglied der Lesebühnen Brauseboys und Reformbühne Heim & Welt, siehe www.brauseboys.de und www.reformbuehne.de.

Marén Wiedekind, Drei Hippies im Schnee, © bei der Autorin
Marén Wiedekind lebt und schreibt in Berlin, mehr auf www.marenwiedekind.de.

Wir danken den Autor:innen und Verlagen für die freundliche Abdruckgenehmigung.